聴覚障害児の言語発達

手話からみた幼児の人工内耳への疑問？

髙田英一（日本手話研究所 所長）著

特定非営利活動法人 ろう教育を考える全国協議会 編

はじめに

「耳鼻咽喉科・頭頸部外科」一部医師（以下一部医師）のリードによる「感覚器障害戦略研究」「聴覚障害児の療育等により言語能力等の発達を確保する手法の研究」報告書として『聴覚障害児の日本語言語発達のために』(以下『感覚器研究』)（写真1）が調査している途中経過からですが、全日本ろうあ連盟を通じて知り、インターネットで検索、検討しました。

その結果分かったことは、聴覚障害児に関係する研究にもかかわらず研究担当者に障害当事者が1名も含まれていなかったことです。そこで、研究リーダーの福島邦博氏（岡山大学　耳鼻咽喉科・頭頸部外科）に申し入れ、その結果、障害当事者として大杉豊氏（筑波技術大学　手話言語学）が委員として参加することで調査の進捗を了解しました。

大杉氏の参加は時すでに遅かったようですが、彼の名誉のためにお断りすれば、その役割はこの研究とは無関係に、「ろうコミュニティ」を語り、研究者に対する期待を表明することに尽きています。しかして、彼の掲載論文「ろうコミュニティ」などに関わる視点は、この研究に対する負の評価として大いに意義があると思います。

ところで、一部医師が『感覚器研究』で開発したＡＬＡＤＪＩＮ（アラジン　以下アラジン）とは、具体的には、聴覚障害児に特化した日本語言語発達検査パッケージ（テストバッテリー）だそうです。

ろう学校の先生たちは、ろう生徒が「て、に、を、は」などの格助詞がうまく使えない、動詞の活用が下手、という「ろう文」を問題にして、そこでは文法指導を重視しています。しかし、アラジンは文法にとどめず、音韻から始めて語彙、統語（文法含む）、談話、語用など彼ら医師の考えられる限りで網羅的に市販テストツールをセットとして利用するものです。その結果により、それぞれの分野における遅れを見出して、該当する分野の言語介入（指導）を行うというものです。

彼らがろう教育の歴史、ろう者の歴史に学ぼうとしないのは大きな問題です。といっても、ろう教育自身が自らの歴史を客観的に語ろうとしなかったことにひとつの原因があり、一部医師の独走だけを責められません。また、当事者であるろう者は私も含めてろう教育の歴史、すなわち自らの歴史の一部をしっかり総括していなかったことに反省はあります。

しかし、ろう者の問題は決して教育あるいは言語問題のみに帰せられることではなく、むしろ差別、権利の剥奪、法的不備、社会福祉制度の未発達など「医学モデル」よりも「社会モデル」により多く関わっています。

『感覚器研究』は、「聴音・発音」をメインとして、ある程度ひろがりのある教育分野に関わっていますが、障害当事者であるろう者の人生からみればしょせんミクロの視点といえるでしょう。それは一部にせよろう教育の社会的側面にも触れているとはいえ、その基本的な視点は明らかに「医学モデル」そのものだからです。

しかも『感覚器研究』が扱っている本当の内容は言語の問題というより「感覚器」という通り「聴音・発音」に関する聴覚の問題です。言語は聴覚という「感覚器」に関わりますが、より本質的には頭脳あるいは認知機能が深く関わる問題です。したがって、認知機能を除いた『感覚器研究』だけでは言語問題ですら解決できるわけはないのです。

それにもかかわらず、「感覚器研究」は結論に至る経過説明も、結論、総括といえる重要な部分もないまま、言語の獲得を「聴音・発音」に、さらにその全てを人工内耳の早期乳幼児施術の合理化と推奨に、コラムという形を借りて断定しています。

スウェーデンなど北欧諸国の人工内耳の乳幼児施術が95％以上といわれるように普及したのは、障害当事者であるろう者の教育や医学に対する遠慮があり、的確な批判を怠ったことに原因があると考えられます。また、北欧諸国のろう教育、すなわちバイリンガル教育、の弱点にも起因していると考えられます。

日本でも一部医師は、北欧諸国の例を踏襲すべく自らの主導により、ろう者の遠慮、ろう教育の遠慮を期待して、ことを推し進めようとしているのでしょう。もちろんその背景には医師を前面に立てた人工内耳メーカーの意図があることは疑いありません。

本書は、日本を北欧諸国の二の舞としないために、『感覚器研究』に関わる疑問、課題を障害当事者としてまとめたものです。また、『ろう教育の明日』（特定非営利活動法人ろう教育を考える全国協議会発行）66号から68号まで3回にわたって連載された論文の大幅な加筆訂正でもありますが、ご忌憚ないご批評を頂ければ幸いです。

（写真1）

第3部　「ＡＬＡＤＪＩＮを用いた研究成果」について

第4部　「ＡＬＡＤＪＩＮを用いた研究成果」について2

第5部 「第3章 データ一覧」及び「第4章 ALADJINから言語指導（介入）へ」について

第6部　「『聴覚障害児の日本語言語発達のために』の謎？」まとめ

凡例

1. ［P　］に示す数字は「感覚器障害戦略研究」のページ数を示す
2. （P　）に示す数字は本書のページ数を示す
3. 『　』内の見出しは「感覚器障害戦略研究」の見出しを示す

聴覚障害児の言語発達

手話からみた幼児の人工内耳への疑問？

第1部

総　論

「謝辞」、「刊行にあたって」、「執筆者一覧」、「感覚器障害戦略研究の概要」、「研究への期待」のそれぞれについて批判し意見します。

第1章「感覚器障害・戦略研究」概要

『感覚器研究』の冒頭にある「刊行にあたって」(『聴覚障害児の日本語言語発達のために』公益財団法人テクノエイド協会　平成24年1月発行)には次のように記されています。

「わが国の聴覚障害者は身体障害者の約10%を占め、その総数は約36万人と推計されており、中等度の難聴者を含めると約６００万人にも及ぶとされています。また、聴覚障害は幼少児において多くみられる身体障害の一つでもあり、その一部には言語発達の遅れがみられ、学習に困難を生じるなど児童の十分な能力の発達が妨げられるおそれがあります。

聴覚障害児の言語発達は療育の開始時期や内容、障害の発見時期、人工内耳の実施時期、その他の要因について関連が指摘されていますが、未だ十分には解明されていません」

（しかし、この研究を行った結果、）「聴覚障害児の言語発達に関わる因子を多岐にわたる視点から検討することで、現状とその問題点が明らかになってきました」。

そして「これを基に聴覚障害に合併する日本語言語（音声日本語のことか？：筆者注）発達の遅れについて、個々の児の特性に配慮した訓練介入につなげるための一助としてご活用いただければ幸いです」と結んでいます。

これは、

1．今までろう学校教師が問題として指摘していた格助詞の使用や動詞活用の誤りなどに代表される「ろう文」を、日本語などの発達を検査するアラジンという彼らの考えられる限りでの総合的ともいえる「日本語言語発達検査パッケージ（テストバッテリー）」によって、検査分析し、その未発達あるいは遅滞部分を具体的に明らかにしたこと。

2．それをもって「言語指導（介入）」を行い、その成功と彼らが考えるわずかな例をもって「乳幼児に対する人工内耳の早期施術の実行」を迫る内容。

ということに要約できるでしょう。

既にここでこの研究の目指すものが何か、その目標が何かが明らかになっています。

なお、この研究の目指す方向については、冒頭「感覚器障害戦略研究の概要」において、中島八十一氏（感覚器障害・戦略研究推進室長等）が次のように率直に、告白しています。

「方法の概略

1年目の研究デザインは、聴覚障害児（0歳〜15歳）を対象とした調査を実施し、言語発達・適応度その他の状況、過去の療育、聴覚障害を発見された状況、人工内耳の有無等を把握することにより、相互の関係や現状を調べる。

1年目の調査結果をもとに、2－5年目の4年間は臨床介入研究を策定し実施する。例えば、

（ｉ）新生児聴覚スクリーニング実施の有効性を明らかにするために、『網羅的な新生児聴覚スクリーニングの実施（介入群）』、『通常のハイリスク群に対する聴覚検査の実施（対照群）』におけるクラスターランダム化による比較試験を行う。

（ⅱ）新生児聴覚スクリーニング実施地域における『かかりつけ小児科医からの迅速な専門機関の紹介と、人工内耳手術後のリハビリテーションプログラムの導入（介入群）』、『人工内耳手術後の通常のリハビリテーションの実施（対照群）』によるクラスターランダム化による比較試験を行う。

この場合、専門機関における人工内耳手術に引き続いて、効果的なリハビリテーションプログラムの開発目標として（ｉ）より長期間にわたり、（ⅱ）患児家庭（両親など）への啓発、すなわち家族カウンセリング、母子コミュニケーションを含む療育を実施する。」［P13］

としています。

要するに、まず乳幼児早期人工内耳施術と、乳幼児でない後期人工内耳施術のどちらが有利かを調査して、新生児聴覚障害スクリーニングの有効性を確認するということです。

その上で早期にせよ、後期にせよどちらも人工内耳の施術を前提として、どちらの施術が有利かを比較するということです。ただし、「通常のリハビリテーション」とは、「聞こえとことばの教室」的な「聴音・発音」訓練を意味しているのでしょう。そして「効果的なリハビリテーションプログラム」は自ら述べる通り人工内耳施術後に限定して、これから開発するということになるでしょう。

結論は既に次のように用意されているようです。

1．新生児聴覚障害スクリーニング実施は有効である
2．乳幼児の早期人工内耳施術の優位は明らかである

ですから、これら二つの目標に反する客観的な検査結果は出るわけはないのです。

第2章　思わぬ結論

中島氏は国立リハビリテーションセンター学院長でもあり、医学に関わる方と思われます。テーマは聴覚障害児であり、言語の問題なのに、その用語をみると障害と病気を混同しています。あれこれ考えると『感覚器研究』は言語を扱いながら「言葉」について無神経なようです。

『聴覚障害児の日本語言語発達のために』と、題名にご丁寧にわざわざ「日本語言語」とうたわれているのは奇妙です。「日本語」は既に言語概念を含むためそれにわざわざ「言語」と続けるのは同義反復で、屋上屋を架すことになるからです。言語を問題としながら意外と「言葉」に鈍感です。

また療育、臨床介入、患児家庭という用語は病気に関して使われる用語なので、障害が明らかになり、人工内耳を施術して以降に「(ii) 患児家庭（両親など）への啓発、すなわち家族カウンセリング、母子コミュニケーションを含む療育を実施する」というのは私たちにとってまったく馴染まない言い方です。中島氏は果たして病気と障害の区別を理解しているのでしょうか？　それとも人工内耳施術前は障害児であったのが、人工内耳施術後は病児となる意味でしょうか？

それはそれとして、アラジンに基づく個々の検査結果をみると中島氏の期待するような結論にはならないのです。それは研究者には、やはり研究者としての良心があり、客観的な数値に反して恣意的な結論は出せないからでしょう。だから、全体としてみると「感覚器障害・戦略研究」が目指す方針と、個々の検査結果とはちぐはぐで奇妙な印象を受けます。

それゆえ総括的な結論を出すに困難があり、そのため「コラム」という形で何気なく結論めいたことを示唆する以外に方法がなかったと思います。

もともとコラムとは、新聞、雑誌などで恣意的な短い評論などを掲載する欄、または囲み記事の意味です。各検査項目ごとに「コラム」がありますが、とりわけ総括的な枢要なポイントを「コラム1」あるいは「コラム2」という別枠で表現すること自体、大変異常なことです。このような税金を使った国家的「戦略研究」的事業の結論をコラムでかたづけるしかないというのは、税金の無駄遣いと言わざるをえません。

第3章「障害者権利条約」違反

この『感覚器研究』はいくつかの点で国連の「障害者の権利に関する条約」（通称・障害者権利条約。以下「条約」）に違反しています。

1つは「条約」が第3条で手話を言語と定義していますが、この『感覚器研究』は言語を音声言語（あるいは音声語）だけとみなし、手話を言語とみなしていないことです。これは手話を差別し、手話を言語とするろう者を差別していることになります。

２つ目は「条約」は第23条において「ろうコミュニティ」の尊重をうたっていますが、この『感覚器研究』はそれを全く無視した「医学モデル」になっていることです。「ろうコミュニティ」を尊重するという観点は「社会モデル」の立場です。ろう者は一人ひとりでは社会的に孤立してしまいます。子どもであればいじめの対象になります。それはこれまでの経験が教えるところで、「ろうコミュニティ」の意義を示しています。

人工内耳を施術すれば多くの場合、ろう学校に入らないで医療施設や難聴幼児通園施設のような人数の少ない施設に分散して入所することになるので集団ができにくく、手話コミュニケーションを通じて仲間意識を強化することができなくなります。

実は人工内耳を埋め込んだ「聴覚障害がある子ども」がコミュニケーションの対象として一番苦手とするのは同じ「聴覚障害がある子ども」であることは、意外と知られていない事実です。人工内耳をつけていては、話す方も、聴く方も中途半端なのでお互いの言葉が分かりにくいからです。これはまさに「ろうコミュニティ」の基盤を奪うことになります。このようなことは、国際生活機能分類（ＩＣＦ）の「社会モデル」と「医学モデル」を統合しようとする姿勢にも反することになります。

３つ目は、乳幼児の人権を無視していることです。不可逆的な人体侵襲は、インフォームドコンセントとして本人の同意を求めていますから、自ら判断できない乳幼児の施術は避けなければなりません。

それにもかかわらず、乳幼児の施術をなぜ急がせるのでしょうか?

それは人工内耳施術が成人の間で行き詰まっているからと思われます。成人には頭部手術、つまり人体侵襲に関わる大きな恐怖感があります。その恐怖感といろいろと制限の多い人工内耳で得られるメリットを天秤にかけて、人工内耳の施術を拒否するケースが多いからです。現に筆者の身近な、あるいは知っているろう者に人工内耳の施術例はまったくありません。

また、一般社団法人日本耳鼻咽喉科学会のホームページを見ても施術者は年間５００名程度で伸びはみられず、このうち幼児の施術者が増え、２００９年には施術者の半数に達していること（発表は２０１３年）に表れています。

その点、性能向上や聴力の変化に伴って容易に着脱できる補聴器の普及が伸びていることと比較するなら数的に極端な格差があります。人工内耳の普及は乳幼児施術に活路を求めるしか道はありません。

実績のある手話習得など代替できる他の選択肢があるにもかかわらず、本人の同意でなく、保護者の同意でもって代行させていることは間違いです。加えて医師側などの一方的な情報提供による保護者同意の誘導は大いに疑問のあるところです。保護者による同意代行は、生命の安危に関する限りで認められるべきです。

このような人権に関わる基本的な観点を持たないまま、この「感覚器研究」が成り立っていることに何よりも留意が必要です。

第2部
「ＡＬＡＤＪＩＮの紹介」について

「感覚器障害戦略研究」第1章は「ＡＬＡＤＪＩＮの紹介」となっています。その内容は「総論」「各論」「よくある質問と回答」「ＡＬＡＤＪＩＮで用いた検査一覧」となり、第2章は「ＡＬＡＤＪＩＮを用いた研究成果」です。

本書の第2部では、第1章全編と第2章のうち「2‐1．はじめに」を取り上げます。

第１章 「総論」から「はじめに」まで

第１節 言語の定義

子どもの頃に読んだ「アラジンのランプ」は夢とロマンに満ちたアラビアンナイトの傑作でした。それに反してここでいうアラジンは味も素っ気もないただの寄せ木細工、それも箱根細工のような精巧な細工でなく、素人が木を寄せてくっつけたようなお粗末な細工で、アラジンの名前も泣くというものです。

なぜ、お粗末な細工といえるのか？ そのことを次に示します。

1．「はじめに」の「研究の背景と目的」［Ｐ68］において「しかし、『言語』をどう定義し、その『発達』をどう評価するかということについては、さまざまな議論があります。また、特に聴覚障害児を対象とする場合、『日

複雑

ドメイン	概要	検査例		ALADJINによる評価
語用	状況に応じた言語の理解や運用		質問-応答関係検査	○
談話	文を連ね文意を形成	SLTA-STまんがの説明		※
統語	語と語の関係（語順や助詞）	STA		○
語彙	単語の量や質	PVT-R, SCTAW, WFT		○
形態	形態素（意味を持つ最小単位）			
音韻	音の心理的特性（分割可能な最小単位：モーラ）	語音弁別検査		
音響	音の物理的特性	発音明瞭度		

単純

※：各論「ALADJINを補足する検査」参照

（表1）アラジンの網羅する範囲　『感覚器研究』［P27］記載

本語（音声・文字）』『手指日本語（日本語対応手話）』『手話（日本手話）』『指文字』『発音サイン』などのうち、どの手段を対象にするかという問題があります」と述べています。

これには無理があります。肝心の言語を定義することを避けたまま言語の『発達』を評価するなどのようなことは論理的に成り立たず、したがって検査は実施できず、できても無効というほかないものです。

実際は、このアラジンが採用した言語定義は、音声語とは音声であるとする（モデル1）が表すような定義です。あるいは音声語の核心は音声であるとする定義といえるでしょう。

言語＝音声言語＝音声　（モデル1）

これはアラジンドメインの表す階層的な構造を示す表（表1）にもよく表れています。

（表1）（表2）は共に音声＝言語とする聴覚口話教育モデル（図2）と一致します。これでは音声論とはいえても、音声言語論とはいえません。

（表2）の最下辺に認知機能とありますが、認知機能の説明はこの報告書のどこにもありません。

これは音声言語のみ言語と認め、手話を言語と認めない立場（言語一元論）ですが、これでは言語における認知機能、つまり脳の働きをどのように評価するかを説明できないのです。これは近代的な認知科学の知見から乖離した非科学的な立場といえます。

「障害者権利条約」は手話を言語と認め、言語を音声言語以外に手話を認める、いわば言語二元論（モデル２）と定義する立場です。

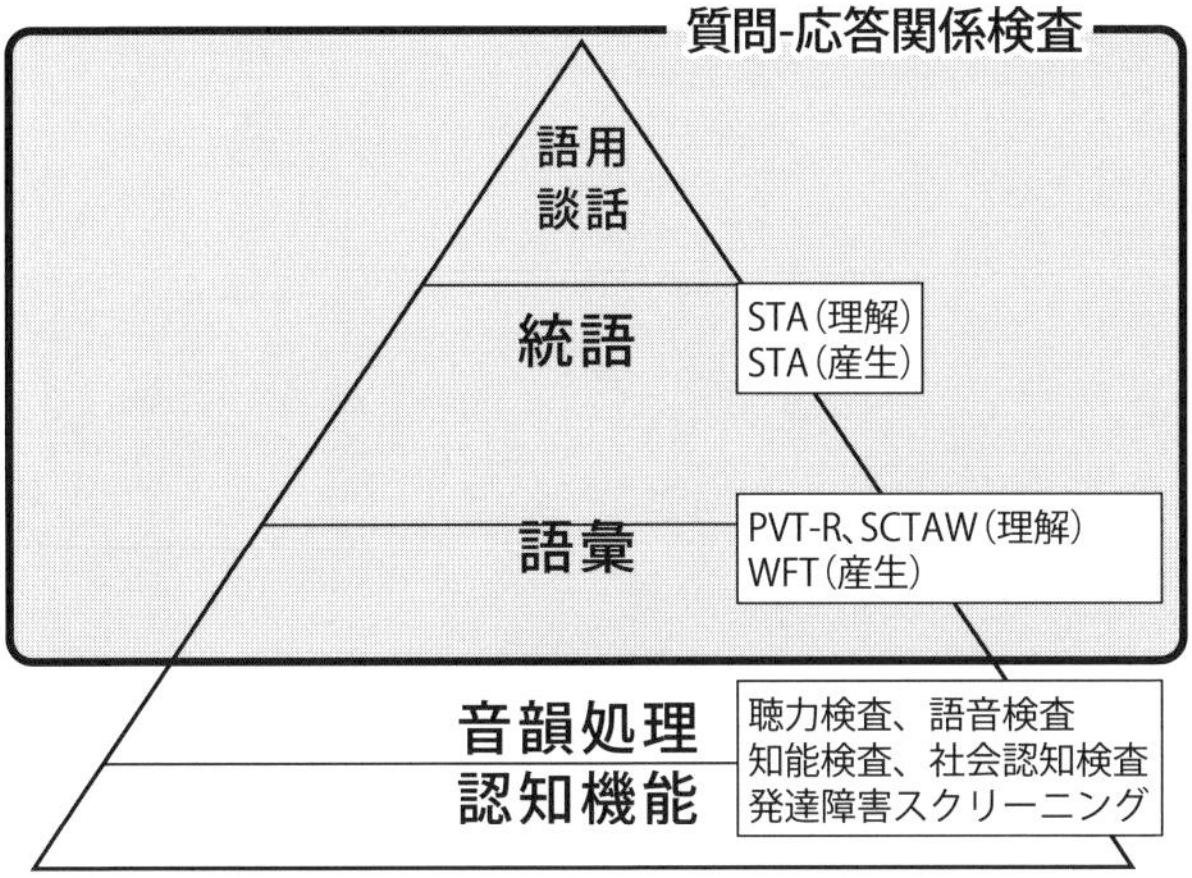

（表２）アラジンの言語モデル　『感覚器研究』［P28］記載

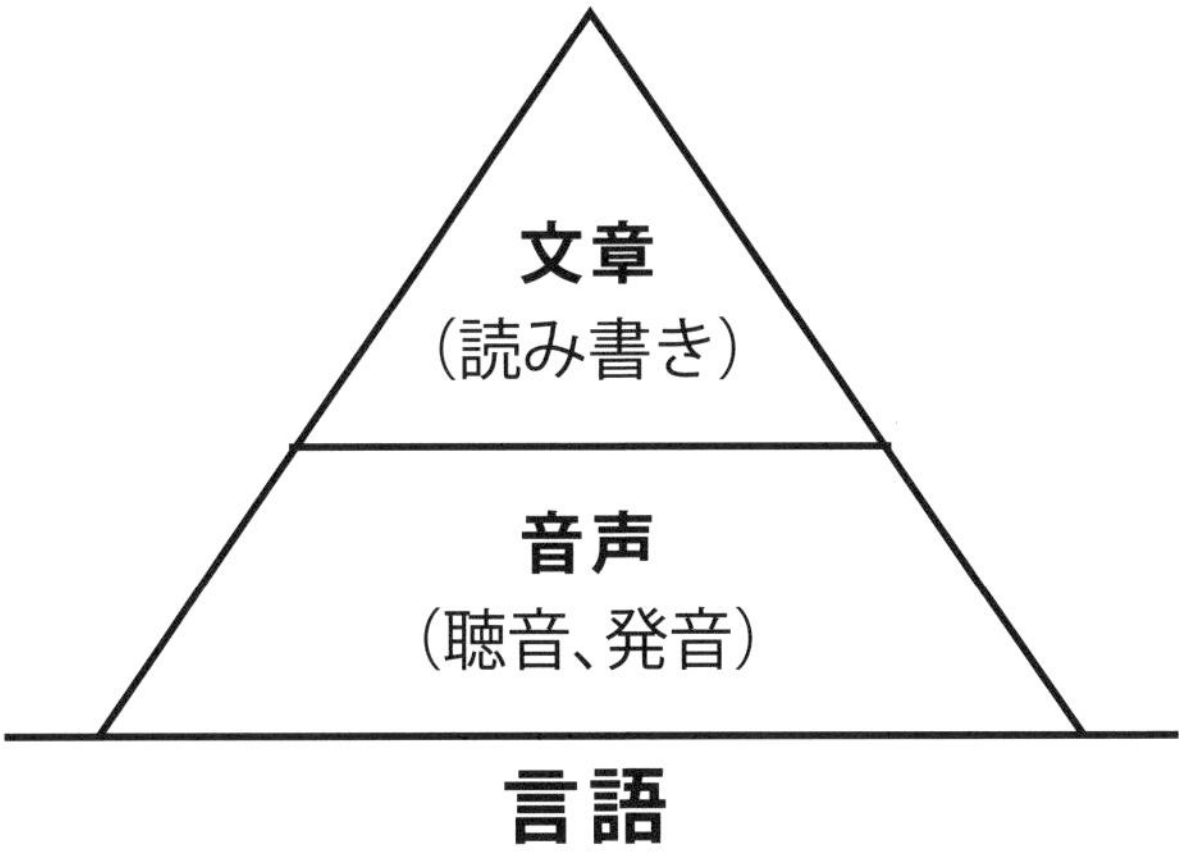

（図２）聴覚口話教育モデル

（モデル2）

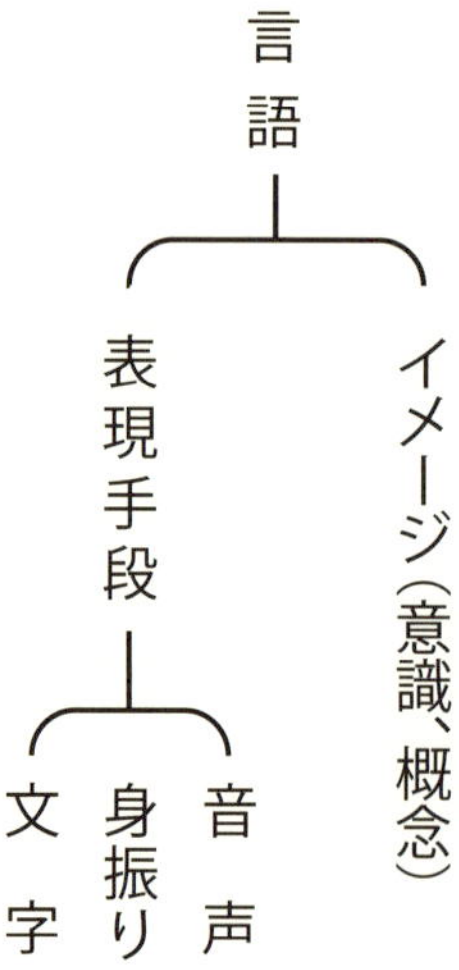

（モデル3）

「条約」では音声言語と手話以外にその他非音声言語を認めています。しかしここでは話を簡単にするために言語とは音声言語と手話であるとして、これを言語二元論としておきます。

「条約」の言語二元論では、言語はイメージ（意識、概念）と表現手段の統一体（モデル3）と理解できます。イメージ（意識、概念）とは認知機能に関わる部分です。表現手段には同時にそれを受ける感覚器官が対応します。（モデル2）と（モデル3）を統一的に表現すると（モデル4）になります。

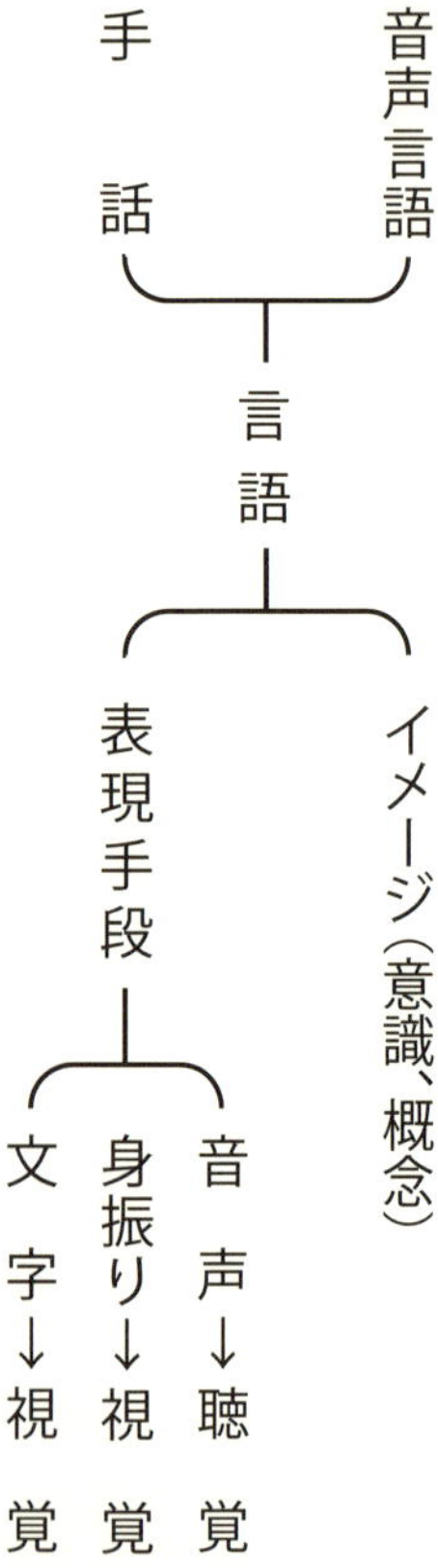

（モデル4）

第2節　言語の定義再考

ここでもう一度言語とは何か、音声語と手話を問わずどちらも共通して説明できる言語の定義を考えてみましょう。これは意外と難しいのです。

「言語とは音声である」とする言語の定義は有名な哲学者ソクラテスがとなえ、今も多くの言語学に関わり、それに言及する人たちが「言語とは音声である」、あるいは「言語とは音声であること」をより所とする定義をとなえています。

それにもかかわらずこれまで言語にせよ、音声語にせよ的確な定義に成功した例はないといわれ、今も問題になっています。それは『感覚器研究』が自ら正直に次のように告白しています。

「しかし、『言語』をどう定義し、その『発達』をどう評価するかということについては、さまざまな議論があります。また、特に聴覚障害児を対象とする場合、『日本語（音声・文字）』『手指日本語（日本語対応手話）』『手話（日本手話）』『指文字』『発音サイン（キュードスピーチのことか？：筆者注）』などのうち、どの手段を対象にするかという問題があります。当然ながら、本来はこれらすべてについて検討すべきですが、現実的には時間や評価ツールの制約などから極めて困難です。本研究では、検討の対象とする言語を当面『日本語（音声または文字を使用）』とし、以下本書では特に断りのない限り『日本語』における言語発達を評価し検討することを目的としています」［P68］

聴覚障害児については、補聴器を付け、さらに人工内耳を埋め込んでも、聴覚障害児であることには変わりはありません。その多くは成長した後にろう者になるのが実情ですから、その使用言語である手話を無視することはもっとも現実的でないといえるでしょう。

それを「時間や評価ツールの制約などから極めて困難」だから「本書では特に断りのない限り『日本語』における言語発達を評価し検討することを目的としています」ということには無理があります。

「時間がないから」と「当面のお粗末な評価ツール」によって生涯を左右されるということは、当事者であろう者にとって耐えられないことです。

なぜ、そんなに急ぐのでしょうか？

「当面『日本語（音声または文字を使用）』」、というなら、次に本番として手話による評価、検査を時間を掛けて行うことが筋です。もし、それをしないなら、明らかに片手落ちというほかありません。そして本番まで、このようないい加減な当面の調査結果報告は慎むべきでしょう。

ただし、この部分を書いた人は正直というべきでしょう。正直であるためにこの「報告書」の根本的な欠陥をさらけ出したのです。

また「その『発達』をどう評価するか」は別として『感覚器研究』は肝心の「言語をどう定義するか」を素通りしながら言語について論じていることを問わず語りに語っているということになります。

「言語とは音声である」とする定義にはもともと矛盾がありました。「頭の中で考えることは言語でないのか？」「文字は言語でないのか？」などの疑問にぶつかります。しかし、「言語とは音声である」あるいはそれをより所とする定義以上に進まなかったのが現実でした。

しかも「障害者権利条約」が手話を言語と定義した現在、また少なからぬ言語学者さらに認知科学（情報処理の観点から知的システムと知能の性質を理解しようとする研究分野。心理学、人工知能、言語学、人類学、考古学、神経科学、哲学、動物生態学などを含む広い分野）に関わる人たちも手話を言語と認めた現在、言語を音声とする考え方を改めることが必要になったと考えます。

そこで、筆者は「言語とはイメージ（意識、概念）と表現手段である音声・身振り・文字の統一体である」という定義を考えました。それが（モデル3）です。このようにすれば音声語も手話も言語として矛盾なく説明できます。

言語とは（モデル3）に示すようにイメージ（意識、概念・以下「イメージ」）と身振り・音声・文字との統一体です。

「イメージ」は記憶として脳にかかわり、それを外部に表現する身振り・音声・文字は、視覚、聴覚など感覚器官にかかわっています。

交通事故などによって脳に障害を受けた場合、たとえ聴覚、視覚が健全であっても言語を話すことも理解することも困難な場合があります。逆に脳が健全なら聴覚、視覚に障害はあっても、言語を習得し使うことはできます。そういう意味で脳に宿る「イメージ」こそ言語の核心であり、感覚器官にかかわる身振り、音声、文字は表現手段といえるでしょう。

第3節　動物のコミュニケーション

言語は人間のコミュニケーション手段です。しかし、手段はともかくコミュニケーションといえば動物でも同種の間に交されていることはよく知られています。

では、人間と動物のコミュニケーションの違いはどこにあるのでしょうか？　まず、動物のコミュニケーションを考えてみましょう。動物にもやはりそれぞれの「イメージ」がありそれに基づいて、同種の他個体に対するコミュニケーションが行われます。

けれども動物は言語をもたないので、コミュニケーション手段とはいえても言語とはいえません。すると、動物のコミュニケーションは（モデル5）のように考えられます。

動物のコミュニケーション手段
- イメージ（意識、概念）
- 表現手段
  - 音　声→聴　覚
  - 身振り（動作）→視　覚
  - 接　触→触　覚
  - 発　嗅→嗅　覚

（モデル5）

動物のコミュニケーション手段には、いわゆる五感のうち味覚を除く四感が活用されています。味覚というのは純粋に受動的なものですから、自分が食べられない限り、相手に感覚的に知らせることができず、したがってコミュニケーション手段にはならないので除外します。

また、嗅覚は表現手段かといえば、動物ではスカンクのように猛烈な悪臭を武器として活用できる表現手段があります。犬でも小便を電柱や立木に掛けることで、自らの存在を示し、テリトリー標識として活用しているので、嗅覚もコミュニケーション手段に含めることは可能です。

人間の場合でも、嗅覚にうったえる体臭が個人のマーキングとして役割を発揮する場合がないわけではありません。例えば思春期から青春期にいたる女性は、それほど強くはなくても男性を魅了、あるいはそそる匂いを発散することがあります。それを人工的に効果を高めたのが香水です。ただし匂いは意識的に発散したり、止めたりすることはできず、香水は人工的なものなので人間にとって嗅覚はコミュニケーション手段として、動物のように強調することはできないと思います。

人間の触感はどうかといえば、視覚障害者、盲ろう者のコミュニケーションにとって大切な役割を果たしますが、これはまた別に論ずるとしてここでは話を簡単にするためにおいておきます。また握手や肩たたきなどはともかく、性的には抱いたり、キスするなどでコミュニケーション手段にはなるのは特別というか例外的に思われるので、人間は動物と区別しながらも（モデル4）にある3つの感覚を考えることが妥当だと思います。

（モデル5）を人間のコミュニケーション手段（モデル4）すなわち言語と比較すると目立つのは文字の有無です。

人間は約700万〜600万年ほど前に同じ霊長類のチンパンジーなど原類人猿から分化して、猿人として人間への道を歩み始めたことが知られています。しかし、どの段階で言語が発生したか？　つまり言語の起源はいつにあるかは分からないのです。そこで人間と動物のコミュニケーション手段の違いが文字にあるとすれば、文字の発生が言語の起源を教えてくれるでしょう。

文字の発生は有史以後なので、当然猿人↓原人↓旧人↓新人にいたる原始時代には文字はありません。それにもかかわらず音声と身振りによるコミュニケーションはあったと想像はできます。しかし、文字のない原始時代のコミュニケーションなので音声にせよ、身振りにせよ、それらは動物のそれとたいして変わらなかったでしょう。音声にせよ、身振りにせよ、それらのどちらもこの段階では言語とはいえず、音声は音声語でなく、身振りは手話とはいえません。

結論をいえば音声と音声語は区別すべきであり、同様に身振りは手話と区別しなければなりません。ですから音声をそのまま言語と定義することは明白な誤りです。

文字の発生を探求することは、言語の起源に迫ることになりますが、それは「言語とは何か」を解き明かすことになるでしょう。

しかし、それは別の問題なので、ここでは「音声を音声言語と同視することは誤り」と指摘しておくことに留めておきましょう。

第４節　文字の意義

言語に音声と身振りが出てくることはともかく、文字が出てくることに不審を感じられるかもしれません。これまで、文字は言語にとって周辺部分と考えられ、独自に文字を研究する学者は多いのですが、言語との関連を論ずることはなかったようです。

しかし、文字こそ音声あるいは身振りをして言語に昇華させた立役者でした。

人は「イメージ」を核心とすることで言語における脳の働きを評価し、あるいは脳の働きを説明できます。これは近代認知科学の知見とも一致しています。また、言語と文字の関係は（モデル４）のように表せます。

人間の言語と動物のコミュニケーション手段を比較すると抜群の差があるのは「イメージ」の質と音声、身振りの量です。

この関係は､「イメージ」の質が音声、身振りの量の大きな差を導いたのです。でも､逆に音声､身振りの量が「イメージ」の質の違いを導いたともいえます。いわば鶏が先か、卵が先かの関係ともいえるでしょうか。

コミュニケーション手段として音声と身振りは発生した瞬間に消えます。録音機あるいはカメラがない限り記録として保存できません。もとより原始時代に録音機あるいはカメラがありません。その時代に音声と身振りはコミュニケーションの瞬間だけ、共時的に共有することは可能です。しかし、共通のコミュニケーション手段として親から子へそして子孫へ、身近な周囲からより外部に空間、時間を越えて伝える方法はなかったのです。あえて伝えようとすればそれぞれの脳に保存された記憶として伝えるしかなかったのです。

単独猟から集団狩猟への改善などで人類生活の向上に伴い、集団規模は大きくなり、コミュニケーションも量的に拡大、複雑化するにしたがって使われる音声と身振りの量は増えていったでしょう。それと共に同時に「イメージ」の質も向上していったでしょう。それによって人間の脳容量は類人猿以下の動物のそれを引き離していったと思います。

しかしコミュニケーション範囲が拡大、複雑化し、使われる音声と身振りの量が増大すると、脳の記憶だけでは共通する音声と身振りを確実に親から子へなど、さらに身近な周囲からより外部に空間、時間を越えて伝えることは困難になりました。しかも、身近な周囲、親類縁者から外部へとコミュニケーションの輪は拡大する一方です。関係する範囲が外部に広がっていくにしたがって音声と身振りには自然と変化が生まれ、もとの音声と身振りとは変わってきます。するとより外部とのコミュニケーションが困難になっていきます。

その結果、人類は瞬間的な時点だけでなく、空間的にも、時間的にも継続してより正確なコミュニケーション手段として脳を越えて、人間の外部に記録として保存、維持して伝播できる方法の開発を志向していきます。その結果として、成果として生まれたのが文字なのです。

現代のコンピューターは脳の外部に人間の記憶を記録、保存する道具、装置です。その主な媒体となるのは言語であり、文字などですが、文字こそ人間の外部に記憶を記録、保存する道具となる最初のコンピューターといえます。

第5節　表意文字時代のコミュニケーション

文字の初めとされるのは表意文字（象形文字、絵文字ともいう）ですが、表意文字はメソポタミア文明における楔形文字（図3）であり、エジプトにおけるヒエログリフ（図4）（日本語翻訳では聖刻文字）です。それは

（図３）初期の楔形文字
「人の横顔?」画 持田隆彦

（図4）ヒエログリフ
「ジャッカル?」画 ともか

ほぼ同時代のＢＣ３０００年（今から５０００年前）に表れました。

文字によって、人間はコミュニケーション手段として共通に認識される音声と身振りを脳の外に無限にストックできるようになり、しかも使用範囲を拡大し、さらに類人猿以下の動物を引き離していきました。文字はこのようにして共通に認識される音声と身振りの数を語彙といえるほどに拡大して言語に昇華させたのです。

ちなみに人間以外の動物でもっとも共通に認識されるコミュニケーション手段として音韻の数の多いのはエチオピア高原地帯に棲息するゲラダヒヒですが、その数はせいぜい２００単位とされています。

語彙は人間の言語と動物のコミュニケーション手段を差別化する指標です。

ところで、現代の表音文字は音声に対応しています。それでは表意文字に対応するのは音声だったのでしょうか？　それとも身振りだったのでしょうか？

表音文字の完成以前に音声語によるコミュニケーションがあったとは考えられず、表手文字（身振りを表す文字、手話「イラスト」）の完成以前に手話によるコミュニケーションがあったということも考えられないことです。

というのは表意文字には音韻が表れないため皆が同じ音声語で話すと言うことには困難が感じられ、同様にこのような絵文字には身振りが表れないため皆が同じ手話で話すと言うことには困難が感じられるからです。

そこで考えられることは、音声から音声語へ、身振りから手話へ至る間の過度期の言語、簡単な発音・簡単な身振りの前期的言語です。それは音声語と手話のように分節構造がなく、その結果として語彙といえるほどの単語（？）の数がないものでした。前期的言語とは具体的には音声ではオノマトペ（擬音語、擬声語）、身振りでは「表意的語彙」（クラシファイアー語彙・ＣＬ）（注１）と推察されます。

このことは本題から外れるのでまた別の著書で論じますが、要するに音声語に先だって、さらに手話に先だって過度的なコミュニケーション手段、前期的言語があったということです。

この前期的言語では、音声と身振りのどちらかが優越したとは考えにくく、どちらも平等に協同したコミュニケーション、オノマトペとＣＬの協同によるコミュニケーションが図られたと考えられます。それが表意文字に対応するコミュニケーション手段、と論理的に考えられることです。

表意文字が表音文字に発展する過程で、音声は音声語に昇華、言語として身振りに対する音声の優位が確立しました。具体的には表意的なオノマトペが表音文字によって、恣意的な音声語に発展していったのです。

表意文字が身振りに対応する身振り文字（身振りを表す文字で表手文字のこと）への発展が図られなかった結果、身振りは音声語コミュニケーションの補助手段に留まる結果となりました。この時点で聴覚障害者はコミュニケーション障害者となりました。しかし、それは少数であったために表意文字、聴覚障害者のどちらの存在も忘れられていきました。

20世紀以降、ろう学校の創設により「ろうコミュニティ」が形成され、さらに身振りを表す表手文字（手話「イラスト」）が発明されたことで、身振りは手話という言語へ発展を遂げました。具体的には表意的な身振り、ＣＬが表手文字によって、恣意的な手話［「恣意的語彙」（フローズン語彙・ＦＲ）］（注２）に発展していったのです。

その結果、21世紀になってようやく手話は「国際生活機能分類・ＩＣＦ」及び「障害者権利条約」により言語と認められました。それは、手話を言語として使うろう者の人権を認めたことでもあります。

言語の平等は国連憲章及び人権規約（Ａ・Ｂ規約共）で約束されています。平等原則は多数、少数に関わりません。万国の言語は全て平等であり、したがって手話も音声語と平等なのです。

手話はろう者にとって使いやすい言語です。手話を言語と認めず、手話を否定する根拠は今やどこにもありません。言語は個人的、生理的な問題であるだけでなく、社会の問題でもあるのです。ならば、手話の使いやすい環境をつくることが社会の使命といえるのではないでしょうか？

なお、ヒエログリフなどの表意文字（図５）と表手文字（手話「イラスト」）（図７）には違いがあります。表意文字は音声も身振りも表さず、文字通り意味を表しています。表手文字は意味を表すよりも身振りを表すことが優越しています。この違いは、表意文字、表手文字を共に文字と認めるとしても決定的な違いです。歴史的にみれば文字は表意文字→表音文字→表手文字と段階的に発展したといえるでしょう。

身振りと音声の言語への昇華、文字の変遷、言語の起源などの詳細については拙著『手話からみた　言語の起源』をご参照下さい。

(図5) 表意文字
「ウマ」

↓

馬
うま
ウマ

(図6) 表音文字
「馬」

↓

(図7) 表手文字
「馬」
両手のひらを側頭部に当てながら同時に前後させる。

第６節　前期言語と音声・身振りの差

過度的な前期言語とはいえ、それ以前の動物的コミュニケーション手段である音声と身振りの間には大きな発展がありました。

それは、名詞の誕生です。動物のコミュニケーション手段としての音声と身振りには名詞はありません。音声と身振りから前期言語への昇華に先立って名詞が生まれたということは文字（やはりこの段階の文字も表意文字に先立つ過度的な前期文字というべきでしょう）の功績です。名詞は文字がなければ生まれることは決してなかったでしょう。

名詞とはコミュニケーションにおいて登場する第3者です。もし、第3者を意識できなければコミュニケーションは私とあなたの間で成立するだけです。というのは第3者とは、人を意味するだけでなく、他の動物、もの、場所などの名称を意味するからです。このことは対面する2人の関係以外のこと、いろいろな「もの」や「こと」さらに「人」について語ることができないことを意味します。

すると3人以上の参加を得ての合議はできなくなります。なぜなら3人いても、そのひとりひとりが、対応できるのは相手となる人は、1人だけだからです。

仮に私（高田）と彼女と、彼女に興味を示す第3の男（松本）がいたとします。しかし私は彼女に「私は好きか？」と聞けても「私と松本のどちらが好きか？」とは聞くことはできないのです。なぜなら第3者を表す名詞がないからです。同様に彼女は「私はあなた（高田）が好きよ」といえても「私は松本よりもあなた（高田）が好きよ」ということはできないのです。なぜなら第3の男を表す名詞がないからです。第3の男も彼女に「私は好きか？」と聞けても「あなたは私よりも高田が好きか？」聞くことはできないのです。なぜなら私（高田）を表す名詞がないからです。

3人称を含む会話ができれば、彼女は「私は高田が松本よりも好きよ」といえるでしょう。その結果、第3の男（松本）は常識的には引き下がり、合議が成立し、この問題は穏やかに（第3の男の心は穏やかならずとも）決着します。

3人称を含む会話は、3人に限らずより多くの人数での合議を可能にします。しかし3人称である名詞がないかぎり、3人が顔を合わせても3者による合議、話し合いはできません。利害の対立する当事者同士は実力、暴力あるいはそれらを背景とする抑圧によるしか解決の方法はありません。

動物は音声にせよ、身振りにせよ第3者を表す名詞がなく、したがってそれを対面する相手に伝えることはできません。これが動物が常にメスの占有をめぐってはオス同士が顔を合わせれば、暴力あるいは暴力を背景とする抑圧によって解決せざるを得ない理由です。

確かな意味で、人間は名詞の発明によって社会という有機的な大きな集団、複合的な共同体の基礎を作ったといえます。

ある対象となる事物を「指差し」で指示し、それに身振りあるいは音声、あるいは両方でセットすることで名詞が生まれます。その最初が音声語ではオノマトペ(その一部)、身振りではCL(その一部)といわれるものです。その名詞に文字をセットすることで固定的に、時間的にも、空間にも広がりをもつ言語としての名詞が生まれたのです。これも、本題からはずれるのでこの問題はまた別のところで論ずることにしましょう。

人間にはもともと音声に対応する聴覚、身振りに対応する視覚の両方を活用してコミュニケーション手段とする能力が備わっています。一時的に音声語が優位を占めるとしても、巨視的にみればその時代の自然あるいは人為的な環境、人それぞれの事情によって手話が優位を占めることもあり得ます。

ましてや情報取得の80％は視覚に頼っているといわれる現代では、視覚の優位はいうまでもないことです。そのような条件のある聴覚障害児、あるいはろう者から視覚への道を遮断し、聴覚に優先的に、人為的に依存させる環境を作ることは無知に基づく偏見というべきであり、愚かな行為というほかなく、人権侵害です。

第2章 「障害者権利条約」の時代

第1節 「障害者権利条約言語モデル」の説明

これまでに説明したように言語とは、音声語及び手話であることを念頭において考えたのが言語・「障害者権利条約モデル」(図8)です。

(図8)を説明すると、言語は水面下にあって見えない脳に保存、維持された「イメージ」が核心です。「イメージ」は最初、聴覚、視覚、触覚などの受動的な感覚器官から育まれます。「イメージ」はやがて音声、身振りを主とする能動的な表現手段によって外部に働きかけ、また感覚器官に受けるコミュニケーションによって言語的に強化されていきます。

健聴児のコミュニケーション手段は音声と聴覚、聴覚障害児の場合は身振りと視覚が主となるのが自然です。コミュニケーションによる能動と受動の循環を通じて「イメージ」と表現手段は相互に強化され、やがて表現手段に文字が加わることで、この統一体は言語として完成していきます。

水面上にあってコミュニケーション手段として外部から見えるのは音声、身振りなのでそこに注意が向き勝ちです。それを極端に進めたのが、健聴児と聴覚障害児の違いを考慮せず、聴覚障害児を音声と聴覚に依存させ、言語獲得を図ろうと無理をするのが聴覚口話教育です。それは結果的に、聴覚障害児に不利な言語獲得を強制させることになったのです。

「イメージ」の存在は絶対必要ですが、表現手段の3つは、聴覚と視覚の内いずれかひとつでも健全、また使用可能なら言語は成立します。文字は健聴者と聴覚障害者を問わず共通して利用できます。「イメージ」はコミュニケーションを通じて絶えず、強化あるいは弱化しながら変化していきます。それは表面に見える表現手段よりも大きく、確実に安定していることで、表現手段も確実に鮮明になり言語は豊富になります。それは（図８）に表すように氷山の構造と同じで、見える上部構造よりも見えない下部構造が重要です。上部構造・表現手段が健全でも下部構造・「イメージ」が貧弱ならその言語は貧しいものになります。

また、下部構造・「イメージ」は上部構造・表現手段との絶えざる交流によって、強化されるので確実な表現手段の使用が重要です。先に説明したようにどの表現手段を選択採用するかは、その時代の自然あるいは人為的な環境、人それぞれの事情によって異ってくるので、その自然な選択を妨げるようなことはあってはなりません。

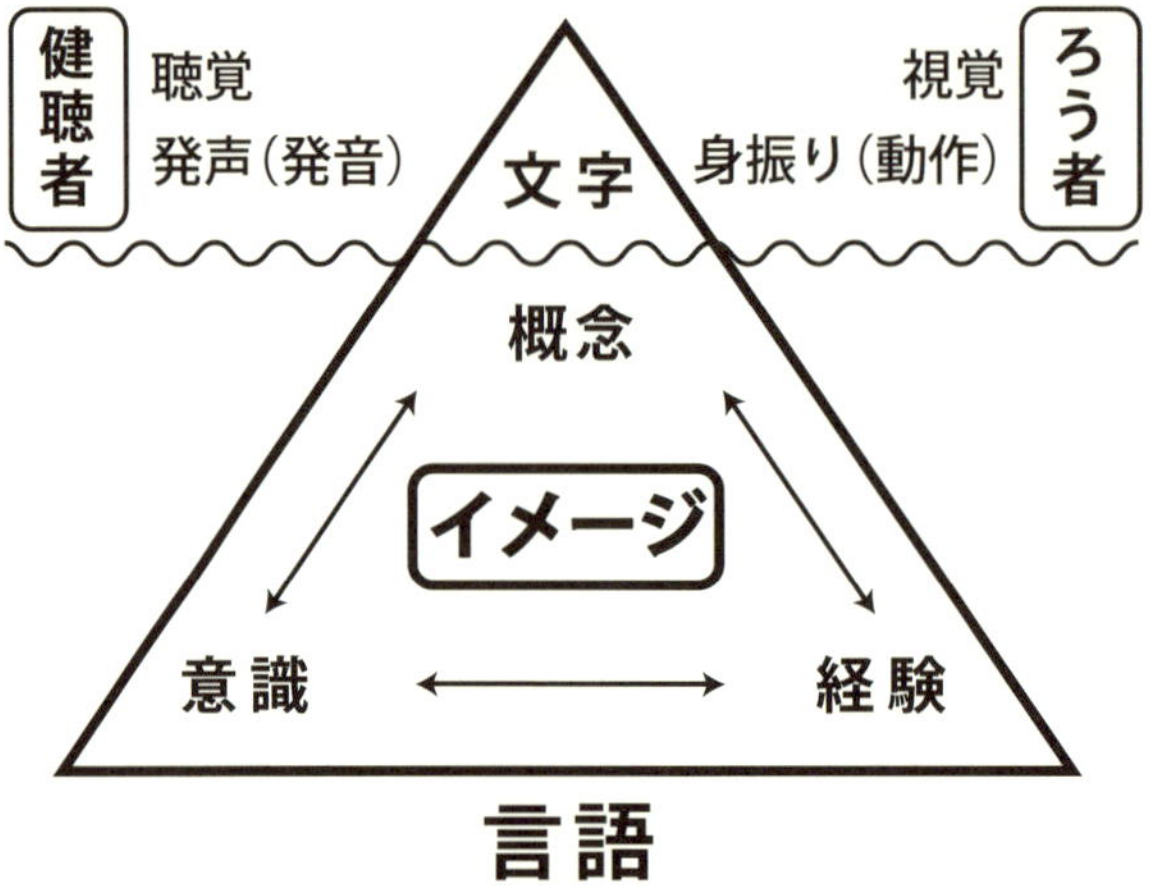

（図８）障害者権利条約モデル

聴覚口話教育の言語モデル（Ｐ11・図２）は、言語を音声と錯覚したまま、聴覚障害の特性を理解しないまま、音声言語獲得だけを強制することを表しています。

結果的に、この「感覚器障害戦略研究」の目的は手話教育にまさる聴覚口話教育の優位、特に早期幼児人工内耳施術の優位を示すことが目的としても、それと手話教育の優劣を比較することはできないのです。

なぜ、ろう者がごく自然に言語として、コミュニケーション手段として手話を選択したか、を考慮することもなく人工内耳とそれとセットとなる聴覚口話教育を推進する根底にはろう者への人権無視があるといえます。それはろう者の生活を直視せず、ろう者の意見を聴こうとしない根源にあるものです。

聴覚障害児にとって手話は第一言語になる可能性は高いのに、その手話についてすら理解が全くありません。これは次のように問題点を整理できるでしょう。

第2節　手話に対する無理解

どういう点で言語だけでなく、手話に理解がないといえるかといえば『感覚器研究』には手話に関連するいろいろな用語が登場します。

「視覚的手段（指文字、手話など）」［P29］、「復唱が困難であれば、指文字・キュードスピーチ・平仮名による提示」［P33］、「複数の提示法（Total communication TC）（トータルコミュニケーション：筆者注）」［P33］、「指文字かキュードスピーチで応答します。手話では応答しない（意味的手がかりを与えない）ようにして下さい」［P35］、「特に聴覚障害児を対象とする場合、『日本語（音声・文字）』『手指日本語（日本語対応手話）』『手話（日本手話）』『指文字』『発音サイン（キュードスピーチのことか?筆者注）』などのうち、どの手段を対象にするかという問題があります」［P68］

このように、聴覚障害児に必要と考えられるコミュニケーション手段を思いつくままに並べていますが、このような手段の併記は手話あるいは言語についての無知を物語っています。これが誠実な研究姿勢といえるでしょうか?

そこで次のような問題点を指摘しましょう。

①『手指日本語（日本語対応手話）』とは、サイマルテニアス・コミュニケーション（simultaneous communication）、短縮発音としてシムコム（simcom）の誤訳で、原義は「手話と音声語を同時に話すコミュニケーション」です。言語とコミュニケーションは全く別の次元に属することです。『手指日本語(日本語対応手話)』

すなわちシムコムは言語ではありません。

②『発音サイン』とは、恐らくキュードスピーチを指すと思われますが、キュードスピーチは『発音サイン』としても、全国的な標準型がなく、その場、その年代、その学年、その環境限りの使い捨ての記号なので生涯的には意味をもたないものです。

しかし、指文字は全国的標準型があり、時と場所にかかわらず、手話の補完手段としてろう者のコミュニケーションに使われています。このような違いにもかかわらず「指文字・キュードスピーチ・平仮名」を併記して同列に論じる姿勢に教育的、研究的な姿勢を感じることはできません。

③ アラジンが聴覚障害児を対象として、聴覚障害児の獲得言語比較を行うなら、「日本語（音声・文字）」に対比できるのは彼らのいう「日本手話」（日本の手話）しかありません。しかし、アラジンはどちらの言語定義も正確にできないために対比して評価することはできないでしょう。

第3節 「社会モデル」

手話は言語であり、ろう者にとって、ろう者同士で使いやすい言語とはいえ、それは健聴者を対象にして日常的にいつも使用できる言語ではありません。健聴者が大多数を占める社会では、ろう者はところどころに点在するに過ぎないからです。だから手話を言語と認め、その使用がどこでも認められるような条件は今のところ不十分です。それを十分可能にする制度構築と習慣化が「社会モデル」の課題です。

人間はみな同じでないので、どのようなよい制度でも、どこかで制度から漏れる人たちが出てきます。最初のネットは荒いので粒の大きな人たちからしか拾い上げることは困難でしょう。医療の場合でも、その最初は地位が高いか、金銭的に余裕のある人たちしか治療対象にできなかったのです。

しかし、社会の発展に伴い所得が増え治療をする人（医師）たちが増え、それを受ける人たちも増え、医療の枠はどんどん広がっていきました。その結果、国民皆保険というわが国が世界に誇る「社会モデル」が誕生したのです。ろう者の「完全参加と平等」には2つの道があります。ひとつは、ろう者を健聴者にする道、あるいは少しでも医学的、物理的な方法で聴力レベルの改善を図る道です。もうひとつは、医学的、物理的な方法で聴力レベルの改善を図ることは否定しないが基本的に手話通訳制度など社会制度の整備を通して、手話普及を国民レベルに拡大する道です。

前者は「医学モデル」であり、後者は「社会モデル」です。「医学モデル」は「社会モデル」を無視しますが、「社会モデル」は「医学モデル」を包含しながらも社会のあり方、社会制度をより重視します。

この場合の「医学モデル」は聴力レベルの改善があるとしても、言語獲得の実績はなく、むしろ多くの犠牲者を出しながらなおかつ途上にあり、さらに犠牲を重ねる試みが続けられているものです。対する「社会モデル」は実績があり、障害当事者がさらに前進を図ろうとしているものです。

いずれにせよ、この選択にあたって重要なのは当事者であるろう者の意見です。そして、どのように犠牲を少なくして、成果を最大にするかを慎重に時間を掛けて結論を導く必要がある課題です。それをおいて、当事者を無視して健聴の一部医師の一方的な思い込みだけで、医学的好奇心だけで、医療算術などの夾雑物を含む成果を追い求めるようなことは避けなければなりません。

科学は、人類の知的好奇心を刺激することを通して日進月歩の発展をしています。その際、科学を人類の幸せを築く、あるいは保障する視点から考えることが大事です。単なる好奇心の追求、あるいは経済的利益の追求になっては、自然的な人類の消滅にはるか先だち、人類の形質変化、地球環境の破壊などによって、その人為的な絶滅に繋がることもあり得ます。

人類が動物から出発して現在の人類、人間に発展、進化したのは動物的形質よりも文化的、倫理的心質（心の問題）により多く依存しています。

科学の一分野である医学が専門化、先端化すると共にそれは経済化、物質化の傾向を帯びて文化的、倫理的側面が忘れられつつある傾向、特に生命倫理の視点を欠きつつあることは憂うべき傾向です。

現在は人類の長年の夢ともいえる不老不死、その一端ともいえる長寿化に迫りつつあるように見えて、現実の到達点は高齢化です。長寿化と異なり高齢化は悲劇的色彩を帯びて語られています。それは端的にいえば「医学モデル」を追求したが「社会モデル」の視点を置き忘れてきたことのツケともいえます。

人工内耳はろう者、聴覚障害者の幸せよりも医療的、経済的利益それにプラスして「医学モデル」的好奇心によって推進されているようにみえます。

２０１３年11月の新聞報道は、滋賀県が「聴覚・コミュニケーション医療センター」の設置を報じています。ここでは「最新のｉＰＳ（人工多能性幹細胞）を利用して内耳再生の技術開発をめざす」としています。

今や人工内耳メーカーは人工細胞の対応に布陣し、「耳鼻咽喉科・頭頸部外科」もこれに備えようとしています。しかし、現在なお多くの「聴覚障害がある子ども」は人工内耳施術を受けていますが、この手術の実際は本人の同意を伴わないもので、ありていにいえば人体実験です。というのは、この施術には確実な成果が約束されている訳ではなく、あくまでリハビリテーションなどいろいろな不確定要素を条件とする不可逆的（後戻りのできない）施術だからです。医師などはこの結果の上で次の改善策を図ることになりますが、先立つ受術者からすれば、人体実験以外の何ものでもありません。

人工内耳には継続したリハビリテーションを必要としますが、ｉＰＳの時代になれば、彼らのリハビリテーションはいづれ時代遅れとなり、その指導者もいなくなってしまいます。すたれゆく過去の技術製品にこだわっては経済的利益は図れないからです。人生は長いので10年や20年で更新される技術では、ｉＰＳ、さらに開発された新製品実現の暁にはそれまでの受術者は早まった決断を後悔することになります。それは人体実験に供された先駆者の避けられない宿命です。

現代医学はたび重なる新製品、新技術の採用を単なる時間的経過としてみるのでなく、ひとり一人の人間の幸せがかかる人生の問題として考えるべきです。それこそ倫理問題であり、医師の道義的責任が必ず問われるべき問題です。

ｉＰＳなどの新製品、新技術の勝利が聴覚障害者の「完全参加と平等」に繋がるかは、その研究に障害当事者が参加するか否かにかかっているといえるでしょう。

どのような場合でも、当事者を無視しては、より多く「社会モデル」に依存する「完全参加と平等」の視点を欠落しては、当事者だけでなく、人類全体の幸せを保障するものにはなり得ないでしょう。

第４節　恣意的な収集データ

1．「研究の対象と収集データの概要」［Ｐ69］では、研究対象は「先天的な聴覚障害があると考えられる子ども」で、４歳から12歳（年中児〜小学6年生）とし、平成21年３月〜平成22年３月で収集などと範囲を定めています。

（表４）によると研究参加施設は、合計１３０施設、なぜか医療施設（病院、診療所）が69カ所、53％とダントツに多く、特別支援学校（ろう学校）は33校で全体としての比率はろう学校は25％にしかならず、それ以外が75％というのは異常ないし、変則的な数字です。

報告書は「本邦では、１学年あたり約６００〜７００人程度の難聴児が小学校または特別支援学校小学部に在籍」［Ｐ71］というので、この平均は６５０人です。

（表5）のろう学校小学部在籍者は1学年平均は350人ですから、ろう学校児童が研究対象者の占めるべき割合は54％になります。しかしろう学校の参加が25％なので650人×25％＝162人となって、ろう学校からテストに参加する最終的な研究対象者となるのは638人のうちの162人という数字がでます。この数字は一つの参考ですが、研究対象者が医療施設などに偏っているということはいえるでしょう。しかし、ろう学校在籍者の数は出そうと思えば出せるのに、出さないというのはなぜでしょうか？

これは一つの謎です。

「研究成果の概要」［P71］で、「本邦の聴覚障害児の4人に一人程度に相当するデータが集積されたものと推測され、言語発達を詳細に検討した調査としては過去に類を見ない大規模なものとなっています」と豪語しても、ろう学校を軽視して、偏った研究対象者を集めた恣意的なデータでは研究成果としての信頼性はありません。

それにもかかわらず「本書はこの貴重なデータを分析した結果をまとめたものであり、聴覚障害児の療育・教育に携わる方々の一助となることを願っています」と一般化して締めくくるとは、研究者の姿勢として大いに問題があります。

2．この研究は、手話を身に付けた聴覚障害児が少ないとみせかけています。それだけでなく手話のレベルが低いということもその意図に反して表しているのです。

なぜなら医療施設（病院、診療所）では手話をコミュニケーションに使うことはほとんどないからです。そもそも医療施設で手話のできる医師や言語聴覚士が少なく、いたとしても全国手話検定試験1級クラスの人はまず存在しません。ありていにいえば全国手話検定試験の存在さえ知らない人がほとんどでしょう。そのため医療施設では手話に親しめる聴覚障害児はろう学校よりも遙かに少なく、手話レベルも低いのです。

3．医療施設でシムコムを使うとしても、正確な意味でのシムコムは「手話と音声語を同時に話すコミュニケーション」です。そのため正確なシムコムとするためには音声日本語と手話の能力が同等のレベルにあることが条

施設種別	施設数	備考
医療施設（病院、診療所）	69	
難聴幼児通園施設	9	
特別支援学校（聾学校）	33	
メインストリーム小学校	6	いわゆる「普通小学校」のこと
その他	13	大学や研究施設など
合計	130	

（表 4）研究参加施設の内訳

資格種別	人数	備考
医師	74	
言語聴覚士	116	
教員	69	
教育施設職員・補助員	9	
その他	4	民間教育施設の指導担当職員など
合計	272	

（表 4-2）研究協力者の内訳

学年	同意が得られた人数	除外された人数※1	最終的な人数
（対象年齢以下）	14	14	
年中	129	22	107
年長	101	11	90
小1	118	16	102
小2	90	14	76
小3	94	18	76
小4	76	13	63
小5	75	8	67
小6	66	9	57
（対象年齢以上）	7	7	
（年齢不明など）	11	11	
合計	781	143	638

（表 5）研究対象者の内訳

件です。

医療施設などで言語聴覚士（ここでいう言語には手話は含まれず、咀嚼などの口腔、かつ表現手段としての音声と聴覚に関する専門技術をいうだけなので、より正確には音声聴覚士、口腔音声聴覚士とするのが正しいのです。言語聴覚士などと称するのは羊頭狗肉の類というべきでしょう）はいたとしても、手話の練達した使い手の存在は期待できないでしょう。せいぜい日本語を話しながら、それに知っている範囲での語彙内で乏しい手話単語、あるいは間違ったいい加減な手話単語をつけることが関の山でしょう。これがシムコムをして「日本語対応手話」と揶揄される原因になっています。このようなシムコムでないシムコムもどきのコミュニケーションは聴覚障害児を混乱させるだけです。

4．この調査は意識的にせよ、無意識的にせよ、基礎的なデータに手話のレベルが低い聴覚障害児を選択したということです。それは結果的に作為となって、クラスターランダム化（無作為に2つのグループ「介入A群」「対照B群」に分けること）しても、基礎となるデータが恣意的なので、クラスターランダム化も無意味になっています。

5．人工内耳施術側にとってもっと恐ろしい事実、ろう学校やろう者にとってはうれしい事実があります。それは平成20年頃からろう学校を含む特別支援学校高等部の生徒が増えてきたことです（表5）。

これまで高等学校には特別支援学級、通級による指導というシステムはなかったのです。しかし平成19年度から特別支援教育が始まりました。するとこれまでは中学校までは特別支援学級で学んでいた生徒も、普通高校に行っていた（弱視、難聴、知的等）の生徒も卒業後の就労等のことを考え、特別支援学校を希望し始めたのです。

（表５）全国のろう学校在籍者

1. 在籍者について

	乳幼児	幼稚部	小学部	中学部	高等部	専攻科	合計
平成18年	（808）	1254	2183	1244	1422	358	6461
平成19年	（801）	1264	2136	1331	1365	334	6430
平成20年	（773）	1254	2143	1279	1460	263	6399
平成21年	（846）	1226	2152	1277	1545	228	6428
平成22年	（821）	1199	2107	1344	1643	226	6519

合計に乳幼児は含まない：全国聾学校長会調べ

2. 学校数について

聾学校は増えていないが、聴覚障害児を受け入れる特別支援学校は増加している。

◎特別支援教育の制度以前から聾学校という名称だった学校…… 103校

◎聴覚障害を対象とする特別支援学校……………………………………116校

（分校もカウント）

その結果ろう学校も含めて高等部の生徒が激増したのではないかと考えられます。ろう学校を含む特別支援学校高等部の生徒数は1学年あたりほぼ５００人です。多くの聴覚障害児が仲間を求めてろう学校に戻ってきたのです。

聴覚障害児を対象とする人工内耳施術は平成元（１９８９）年頃から始まってますから、増加した数には人工内耳装着の生徒も大勢含まれるでしょう。この事実ほど、アラジン調査の欺瞞性を明らかにするものはありません。恣意的なデータに加えて、小学６年までという限定された調査では、人生という長い歳月を図ることはできないのです。

このことは、人工内耳などを付けないでろう学校で仲間に囲まれ、手話教育を受けて、みんなで仲よく卒業できれば、苦痛の多い、困難で無駄な回り道をしないで社会に参加できたことを示唆しています。

しかし、このような結果は人工内耳側にとってはどうでもいいことかも知れません。ことの結果はどうあれ、施術してしまえば勝ちなのです。

（注1）

「表意的語彙」（クラシファイアー語彙・CL）

手話のうち、表意的な部分で対象とする事物を表す身振りに関係がある恣意的、無契的な部分。オノマトペに対応。

（注2）

「恣意的語彙」（フローズン語彙）

対象とする事物を表す身振りに関係がない恣意的、無契的な部分。音声語に対応。

第3部

「ALADJINを用いた研究成果」について

本書では第3部に「第2章　ALADJINを用いた研究成果」のうち「はじめに」を除いて「2-2　聴覚障害児を取り巻く現状」及び「コラム1．補聴の現状-重複障害児の補聴：特に人工内耳について」を取り上げます。

第1章「2-2　聴覚障害児を取り巻く現状」

『1「2-2　1．早期の療育開始はどのような意義を持つか」』

ここでポイントとして示されていることは

① 聴覚障害児に対する早期（生後6ヵ月以内）の療育開始は、より良い言語発達をもたらします。

② 新生児聴覚スクリーニングを確実に早期療育開始につなげるための努力が必要です。

③ 新生児聴覚スクリーニング以降にも、聴覚や言語発達に課題を抱える児をピックアップできるシステムが望まれます。

さらに「本邦における導入開始から10年以上が経過した『新生児聴覚スクリーニング（NHS）』との関連についても触れ、その結果浮かび上がってきた課題を考えます」としています。

そしてその結果は、冒頭に示したポイントということです。

私たちは、「新生児聴覚スクリーニング」そのものには反対ではありません。問題は、その後の対応をどうするかにあります。

これまでのろう教育の経験からすれば、聴覚障害児は長じてほとんど手話を使うろう者になります。ろう教育が、口話教育それから聴覚口話教育と、手を換え品を換えても聴覚障害児は成長してろう者になることは経験的に明らかなことです。

したがって、ろう者となって何が問題となるかはろう者が一番よく知っていることです。そこで、まずろう者の意見を聞き、相談すれば新生児聴覚スクリーニングを手話教育の開始に直結させることもできるはずにもかかわらず、このような大切な方向を無視し、断ち切っています。

この検査結果には、まず「ろう者の意見を聞く」という謙虚な姿勢は全くありません。ろう者を無視するだけでなく、言語を一方的に音声語と断定、音声を言語に直結させてしまいます。ここに医学に対する誠実さ、誠意は全くみられません。

検査結果をいう前に、

1. 言語とは何か?

2. 早期療育という「医学モデル」を考える前に、ろう教育における実績を考え、その対比をどのように行なうか?

3. 言語を音声語に限定せず手話を含め、しかも言語発達に課題を抱える児をピックアップできるシステムは何か?

を考えるべきです。

それなしには新生児聴覚スクリーニングは、単に「聴覚障害がある子ども」を人工内耳施術に誘導するためにあることをさらけ出すだけです。自らの好む結論を前提にしては、科学的検査とはいえず、論ずるに足りず、評価できないものです。

『2「2-2 2．家庭環境－特に世帯所得金額について」』

ここでポイントとして示されていることは

① 聴覚障害児の世帯所得からは、子どもの療育に保護者が大きくかかわらざるを得ないため、就業が制限されている様子がうかがえます。

② さまざまな福祉資源を活用し、子どもの療育と家族の生活がイキイキしたものになるよう、知恵を出し合い協力しましょう。

［出典：P78］

そしてこのことから「わかったこと」として

聴覚障害児のいる家庭では、世帯所得金額が厚生労働省国民生活基礎調査（2008年）と比較して抑制されていることがわかりました。（中略）聴覚障害児のいる世帯では、構成員のうち成人1名が療育などにキーパーソンとしてかかわる必要が生じます。保護者や祖父母など、本来であれば世帯の働き手となる大人がキーパーソンになると、正規労働としての勤務が制限を受けると予想され、これが世帯所得金額が抑制されている原因の一つと考えられます。（中略）このような現状に対して、さまざまな社会福祉資源を活用し聴覚障害児のいる家庭をサポートすることが重要と考えられます。

［出典：P79］

「聴覚障害児のいる家庭での世帯所得金額が低い」ことの原因のひとつを、「聴覚障害児のいる世帯では、構成員のうち成人1名が療育などのキーパーソンとしてかかわる必要」に求めることが分からないのです。

「構成員のうち成人1名が療育などのキーパーソンとしてかかわる必要」というのは、どういう理由からでしょうか？　具体的な理由の記入がないのでよく分からないのですが、思うに次のようなことが想定できます。

その一つは人工内耳の結果として家庭において聴覚口話教育を実践せざるを得ない立場から必要となる存在、子どもの聴音・発音の相手となる存在、具体的には母親の必要をいっているのでしょう。しかし、このようなただひとりのキーパーソンへの依存は、子どもの言語習得の幅を狭め、結果的に言語習得の妨げとなる無用の存在といえます。このようなキーパーソンを必要とすることは、言語の本質を「音声」と見誤っているところにあるからです。それは、自ら果たすべき教育の責任を母親に転嫁した口話教育、聴覚口話教育の悪しき伝統にほかなりません。

もうひとつは、人工内耳の結果として「聞こえの教室」あるいは学校の送り迎えに必要ということでしょうか？それらは聴覚口話教育を実践しようとする立場から必要な存在になるだけのものです。

筆者の知るろう者世帯に、「聴覚障害がある子ども」が生まれることがありますが、夫婦共稼ぎの場合でも、保育所か、「障害児童デイサービス事業」などに子どもを預けられれば、職業の継続に支障はなく、それら社会資源の利用が子どもの言語習得の支障になるとは考えられないのです。問題は、「保育所」「障害児童デイサービス事業」などの拡充です。

さらに、ここでいう「さまざまな社会資源」とは具体的に何を指しているのでしょうか？

キーパーソンを必要とする人工内耳を推進する人たちが具体的に想定する「さまざまな社会資源」とは、自己負担を必要とする民間の「きこえの教室」のようなクリニックをいうのでしょうか？　その営業がなり立つように、利用してほしいということでしょうか？

「聴覚障害がある子ども」のいる家庭が必要とする社会資源とは公的な「手話環境のある保育所」「障害児童デ

イサービス事業」であり、その拡充です。これは、私たちの課題、運動の目標とするところです。

『3 「2-2 3. 療育法・教育法により言語発達にどのような違いがもたらされるのか?」』

ここでポイントとして示されていることは

①「語彙」「構文」などの能力は、聴覚のみを使っても、聴覚に視覚的手段を併用しても、同じように身に付きます。

②「学習の習得度」では、聴覚のみを使っている群の方が良好でした。

③視覚的手段を併用する児童に対しては、身に付いている言語能力を学習の習得度に反映させるための工夫が必要です。

[出典:P80]

この節に関する執筆者中澤操氏などは、まったく手話に対する理解はないとはいえませんが、一知半解の知識なので論理が錯綜して評価が難しい面があります。しかし、検査はそれらが前提になっているので、その前提に疑問があるなら、結果もまた信用できず、評価するに価しないといえるでしょう。

問題となる前提の誤りとは下記のような「はじめに」の事柄です。

1. 聴覚障害があると、耳から聴くことに限界が生じるので、選択肢のひとつは耳だけを使う方法、それにもう一つ視覚的手段(手指日本語あるいは日本語対応手話、指文字、キューサイン)を併用する方法があるといいます。しかしここでいう視覚的手段というのが奇妙なのです。この内容を検討するといずれもろう者が本来の言語とする手話とは違うものだからです。

再掲になりますが、「手指日本語あるいは日本語対応手話」とは「simultaneous communication」(サイマルテニアス・コミュニケーション、短縮語としてシムコム＝詳しくは拙著『手話教育　今こそ！』または『手話からみた　言語の起源』を参照して下さい）のことで、これは手話と音声語を同時に使うコミュニケーション方法のことです。だからシムコムを話すということは、手話と音声語が同等に使えること、特に手話に熟達していることが条件です。しかし、検査対象となっている施設などにはシムコムの使い手などは恐らくひとりもいないでしょう。シムコムの使い手がいないのに、併用群などの存在はあるはずないのです。ちなみに手指日本語あるいは日本語対応手話という言語は存在しません。

さらに指文字は乳幼児のコミュニケーションに不向きだし、キュードスピーチはろう学校によって、学年によって、教師によってまちまちな変異体のある発音記号の域をでないものです。このような内容のない視覚的手段を併用群に位置づけてもあまり意味がありません。

これでは「今回、本邦で初めておこなわれた大規模な検討から浮かび上がってきた国内の聴覚障害児療育・教育の課題について考えます」という大言壮語も空しくひびくだけです。

2．わかったこと

① 耳だけを使っても（聴覚群）、それに手指日本語（日本語対応手話）や指文字などを併用しても（併用群）、会話（あるいはコミュニケーション）の力、語彙、統語の力には差がないことがわかりました。

② （前略）併用群では、要素的な言語力（ドメイン）の多くは聴覚群と同じように獲得されているにもかかわらず、その後の教育や学習により習得されるものにおいて聴覚群との差がみられました。このことは、聴覚に視覚的手段を併用して日本語の言語発達を促す指導方法に対して、さらなる方略の必要性が示唆されたことになるでしょう。

［出典：Ｐ84］

としています。いいかげんな視覚的手段を併用した割りには大した検査結果です。「視覚的手段を併用して日本語の言語発達を促す指導方法に対して、さらなる方略の必要性」というのももっともなことです。でも、面白いのはここからです。執筆者自身が疑問を感じているのでしょうか？　自問自答しています。

疑問1

聴覚群の学力が高いのだから、聴覚障害児には聴覚だけを使って教育すれば学力が伸びる、と解釈してよいのでしょうか？

答え・解説

もし、この疑問のとおりだとすれば、誰も聴覚障害児の療育や教育（あれ、療育と教育を区別しています。では療育と教育はどう違うかを教えて下さい）には迷わないことになります。しかし実際には、聴覚だけを使う方法では十分とはいえない場合が多々あります。（中略）統計学的に有意な差があること（あるいは相関関係がみられること）が、そのまま因果関係に結びつくわけではないことに注意しなければなりません。

［出典：Ｐ85］

（この検査結果）には2つの要因、ひとつは併用群では見て書くという手間、時間がかかるということ、もうひとつは併用すべき視覚的手段に問題があるということです。それは聴覚に視覚的手段を併用して日本語習得を図る教育方法が十分に確立していないかもしれないという問題です。

これらの「答え・解説」は、視覚的手段の選択がいいかげんという筆者（髙田）の指摘の通りです。併用すべき視覚的手段に問題があるということです。それは「聴覚に視覚的手段を併用して日本語習得を図る教育方法が十分に確立していないかもしれない」といっていることが指摘の正しさを証明しています。問題は「視覚的手段を併用して日本語習得を図る教育方法」の確立を誰が図るかということです。

しかし、中澤氏など執筆者も含めて「保護者も療育教育の専門家（言語聴覚士や教師）も圧倒的に聴者が多いので、聴覚で日本語習得を促す方法は体得的に知っています。しかし、聴覚のみでは情報入力に限界があり、視覚的手段を併用して教育しようとする場合、限られた時間のなかでいかに系統的に日本語指導をおこなうか、という点は、今後の教育上の大きな課題であることが浮かび上がってきたといえるでしょう」との指摘は正当です。この課題の解決は「感覚器研究」に関わる先生方に是非お願いしたい事柄です。

他面で指摘すれば、そもそも人工内耳推進者は好んで聴覚群と併用群を分けて療育を行っているのではないのです。聴覚だけでは思う成果が挙げられないので、併用的手段をとらざるを得ないのが現実です。

さらに聴覚だけでは役に立たないこと、しかも併用せざるを得ない人数は、併用群（185人）が聴覚群（83人）の2倍以上いるということが問題性を浮き上がらせています。だから視覚的手段の指導法に方略が必要といわざるを得ず、具体的な「方略」を研究することは喫緊の課題であることを浮き彫りにしています。

「視覚的手段の指導法に方略」の問題とは、まさにろう教育の問題ですが、ろう教育自体がその「方略」が分からず、迷っているのも現実です。その点、中澤氏などの指摘は正鵠《せいこく》を射ています。これについては、拙著『手話教育　今こそ！』がヒントになるでしょう。

疑問2

今回の結果から総じて聴覚群のほうが言語的能力は高いということがいえるのでしょうか？

答え・解説

いいえ、そうはいえません。何故なら、言語的能力を評価する指標はほかにもたくさんあるからです。

今回のＡＬＡＤＪＩＮのセットでは、言語力のすべてを見ることにはなりません。　［出典：Ｐ85］

執筆者（中澤氏など）の解説を要約すると下記のようになります。

1．一般に言語力を評価する場合、規定されたテストバッテリーに沿って検査を行う方法と自由発話を分析する方法の二つがある。

2．日本語のテストバッテリーでは健聴児のデータから標準化されたものが少なく、したがって、今回のアラジンでは統語を分析する方法として不十分。今回のアラジンで統語を分析する手段として失語症構文検査を使用したのも、このような背景による。

3．自由発話の分析は、まだ正常言語発達の指標といえるものが確立されていないから、この面からも検査は無理。

ということで正直にアラジンの限界を具体的に認めています。具体的に限界が記されていることで、アラジンの権威がやや落ちてきました。

ところで、次の記述がさらに大いに問題になります。

「本研究では日本語（音声言語と書記言語）の到達度についての検討をおこないましたが、聴覚障害児が対象である以上、ろう者の母語である日本手話の習得に関する検討もまた重要です。今世紀に入って東京都内に開設された日本手話で教育する学校（明晴学園・筆者注）の存在には非常に大きな意味があると思われ、日本手話の到達度を客観的に評価していく必要性が高まっているといえるでしょう。日本手話も言語である以上、分析手法は同じで、テストバッテリーに当てはめての評価と自由発話分析の二つが必要と思われます。（中略）

聴覚障害児については、日本手話の評価（テストバッテリーによる評価と自由発話評価）、日本語の評価（同様）の４つがおこなわれて初めて、その人の言語力の全体像が明らかになってくるのです。（中略）ＡＬＡＤＪＩＮを用いた本邦初の大規模研究は、大きな一歩ではありますが、聴覚障害児が受けるべき言語評価という意味では、まだまだそのスタートに過ぎないということがいえます。今回の結果だけでは、児の有する言語力の全体像をみていることにはならないのは、このような理由があるからです」［出典：Ｐ86］

執筆者の指摘は、おおむね正しいのですが、次のような疑問が生じます。

1．「聴覚障害児が対象である以上、ろう者の母語である日本手話の習得に関する検討もまた重要」というのは、その通りですが、そもそもこの様な認識はアラジン検査の参加者に共有されているのでしょうか？　それによって、検査の方向も、結果の活用も大いに変わってくるはずです。中澤氏はともかく、執筆者全体にこのような認識が共有されているとは思えません。

2．併用群では視覚的手段としては日本語対応手話を使うことが前提ですが、評価では日本手話だけが問題になっています。日本語対応手話と日本手話の関係をどう説明するのでしょうか？　日本語対応手話はどこに消えたのでしょうか？　日本語対応手話は評価の対象ではないのでしょうか？

3．それほど日本手話が大切なら視覚的手段は、手指日本語あるいは日本語対応手話、指文字、キューサインの併用は必要なく、なぜ日本手話だけを取り入れないのでしょうか？　執筆者は疑問に誠実に答えようとして、その手話やろう者に対する知識の危うさを露呈しているように思います。

4．ここに論じられているのは日本のろう教育ですから、手話といえば日本の手話以外にないのに、なぜわざわざ「日本」を「手話」の上にくっつけるのでしょうか？「手話」に「日本」を冠する必要があるのは、アメリカ手話やタイ手話など外国の手話と対比が必要な場合だけで、国内問題として論ずる場合は「手話」とするだけで十分です。

疑問3

　併用群の学力をのばすためには、何が必要なのでしょうか？

答え・解説

　実際の療育教育に携わる人、すなわち言語聴覚士や教員が、より高い専門性を有するための環境作りが求められていることは確かでしょう。（中略）

　20世紀のろう教育は「聴こえる人のように話す」ことが主流でした。（中略）発音と言語力は全く別のものです。（その通り、英語の発音があまり上手でなくても、英語の言語力が高い人はたくさんいますね）21世紀に入って、ようやく口話一辺倒だった教育体制が変化してきました。それ自体は喜ばしいことですが、昭和8年以前の経験や知識が現場で伝授されることはもはや不可能で、70年近くの空白が現場にもたらした負の遺産は想像以上に大きいともいえるでしょう。

［出典：P86］

　このような見地から、今後の聴覚障害児療育・教育に携わる専門家に求められることについて、箇条書きにしてみたいと思います。

として①から⑱までの事柄が列記されています。

このような問題提起は正しいこともありますが、「負の遺産」についての具体的な理解がないので、本質的な解決にはほど遠いものがあります。

1．「負の遺産」とは何か、それは本質的にろう者と手話に対する差別、ろう者への人権無視です。この点について根本的な反省がない限り、同じ誤りを繰り返すことになります。

2．20世紀のろう教育は「聴こえる人のように話す」ことが主流だったとしても、21世紀に乳幼児に対する早期人工内耳施術を推進する人たち、それをアラジンで立証しようとする人たちはいっそう「聴こえる人のように聴き、話す」ことが主流です。そこには「負の遺産」に対する反省も、転換もみられないことを意味しています。

3．20世紀のろう教育は音声言語のみしか言語と認めていなかったのです。それは21世紀に、人工内耳が音声を言語の基礎においていることと軌を一つにしている事実となんら変わりません。

4．「発音と言語力は全く別なものです」という中澤氏の主張は正しいとしても、この立場はアラジンを推奨する人たちとは全く異質の存在です。中澤氏は大勢のうちに自らの主張を貫かれることに困難を感じておられるでしょう。

5．①から⑱までの箇条書きは、言わずもがなのことが随分あります。

しかもここには、基本的な問題、聴覚障害児に対してどのような大人を目指して、どのような教育を施すか？という基本的な理念がみられません。どのような大人、具体的にはろう者か、健聴者か、どちらを目標とするかが分からないのです。

聴覚障害児に対する早期人工内耳施術を推進する人たちは、疑いもなく健聴者を目指しています。中澤氏はこれと同じ立場をとられるおつもりでしょうか？　それともろう者を目指す立場をおとりでしょうか？

そのどちらかを採るかによって、箇条書きの内容が変わってきます。八方美人的に相反する事柄を列記しても、内部でバッティングを起こし、双方の効果を減殺してしまうからです。

私たちのようにろう者を目指す立場からは、言わずもがなのことは除いて必要とする項目は、

⑤　手話発達の評価ができること。

⑦　手話が話せること。

⑮　ろう者の（社会生活も含め）歴史に関する知識を有すること。

の他は、ろう教師を積極的に採用していくという方針は賛成、ということになるでしょう。

しかして、これらの条件こそ、ろう教育に最も欠けている事柄です。さらに手話が話せるとは具体的にどのようなレベルをいうのでしょうか？

ありていにいえば全国手話検定試験1級合格、手話通訳者統一試験に合格した手話通訳者、あるいは手話通訳技能認定試験に合格した厚生労働大臣認定の手話通訳士でなければなりません。

そもそも健聴幼児を対象にした日本の教育で片言の日本語しか話せない教師がいるでしょうか？　幼児を対象にしてこそ完璧な日本語の話せる教師が必要なのと同じように、聴覚障害幼児の教育においてこそ完璧に手話を話せる教師が必要になります。しかし、今回の検査対象施設などにはこのような手話の話せる教師はひとりもいなかったことでしょう。

手話を甘くみるということは、手話を軽視し、ろう者の人権を無視することと同義です。それは日本語を甘くみること、すなわち日本語を軽視することであり、日本人の人権を無視することと同義なのです。

健聴の大人が手話通訳者となるためには、手話を言語として敬意をはらい、なみなみならぬ決意と努力をもって、手話環境に恵まれてもなお3年を越える歳月を必要とします。手話習得を目指しながら挫折した手話学習者

の数の多さをみればそれがよく分かります。

このような困難の伴う手話習得を避けようとするところに、ろう教育が、その教師が手話教育を何としても忌避して、他の手段に逃れようとする無意識の根拠があるような気がします。逆にいえばろう学校教師が手話を習得すれば、ろう教育は半ば成功といえるでしょう。

その反面、
① 聴覚医学的検査とその評価ができること。
② 音声言語発達の評価ができること。
⑪ 呼吸器発声構音の生理の知識と評価ができること。
⑫ 高次脳機能障害の知識と評価ができること。
⑭ 基本的な精神医学的知識及び心理学的知識を有すること。
⑰ 構音（発音）を教えることができること。
などは、医師や言語聴覚士の分野に属する課題であって、②以外はろう学校教師にはそれほど必要ないことです。雑多な知識を要求することは、かえってろう学校教師の本質を見失うことになるからです。

ちなみに、「言語聴覚士」という呼称は針小棒大の感じがあり、現実の資格内容を正確に表すなら「音声聴覚士」と名乗ることが正解と思います。

また、視覚的手段を併用して日本語の学習を進める「方略」に課題、という問題提起については、拙著『手話教育　今こそ！』をご参照下さい。ご意見を期待しています。

なお、この検査には根本的な問題、疑問があります。それは、
1．対象を聴覚群と併用群に分けても、検査対象の施設群に手話環境をみることはできないのに、どうして手

話併用群があり得るのでしょう。
2．聴覚群と併用群のどちらにおいても、課題の未達成部分が多くみられます。では、課題が未達成の場合、後の教育はどのようにするのでしょうか？　この部分の言及がないのは一つの謎です。

コラム「療育・教育環境の背景」

ここに番号を振らないコラム［P89］が登場します。これは、『3「2-2 3．療育法・教育法により言語発達にどのような違いがもたらされるのか？」』の簡潔なまとめになっており、一読の価値はあります。

採算のとれる程度に聴覚障害児がいる都市部では、療育施設などで早期から人工内耳装用の聴覚障害児を対象に聴覚口話教育を実施できます。それは郡部地域も含め全国あまねく範囲ではできないことです。結果のよしあしは別としてここにも差別がありますが、アラジンにはこの差別解消の視点はないのでこの指摘は出色です。おそらくアラジンにおける一項目の結論としていえることはこのコラムのレベルが記載が限界と思います。

アラジンは各項目検査においても、全体においても結論めいたことは出せないことを結論にせざるを得ないのが実際です。だからコラム1、コラム2のような形でお茶を濁さざるをえなかったでしょうが、このコラムは例外です。

『4「2-2 4．保護者の養育態度とその影響」』

ここでポイントとして示されていることは
①　聴覚障害児の保護者の多くは、「子どもと一緒に遊ぶ」「学校行事に参加する」「苦手な領域を把握する」

など、相対的に聴児の保護者より積極的に子どもに関わっていることがわかりました。

② 子どもの言語力の高さが、進学に対する保護者の意識を高めているようです。

③ 保護者の養育態度で言語力に差が生じると言うよりも、子どもの実態に即して積極的に働きかけている保護者の様子が明らかになりました。

［出典：P 90］

このポイントに示される「子どもの言語力」とは、音声言語のことでしょうか？手話のことでしょうか？それとも二つを合わせた言語のことでしょうか？　後の文章を読むと、「言語力」とはどうも音声言語のことだけをいっているようです。だから、これは言語の基礎を音声におく口話教育あるいは聴覚口話教育と同じ立場です。

この節の執筆者、濱田豊彦氏などの立場には、前節の執筆者と基本的に異なり、口話教育の反省などかけらもありません。このことを具体的に検討してみましょう。

はじめに

自然言語は、周囲に「その言語を用いるコミュニティがあり」、「言語獲得を補償する知的能力が備わり」、そして「その言語を受容する（聞く）こと」ができれば、意図的な訓練や学習なくして獲得されます。すなわち、上記の三つの条件を満たしていれば、誰もが日常生活では困難のない一定以上の言語力を獲得できるわけです。ところが、聴覚障害児の場合には聞こえの制限があるため、言語の獲得に支障をきたしてしまいます。

聴覚障害児教育では、これまでも「母親法」ということばが表すように、保護者の養育態度が言語力をはじめ子どもの成長に大きく影響すると考えられており、聴覚障害児を対象とする特別支援学校や特別支援学級および通級指導教室（以下、難聴学級などとします）においては、保護者支援が果たすべき大切な役割の一つとなっています。

本来なら自然に身につく言語を、聴覚障害児は意図的な関わりの中で学習して身につけていきます。その中にあって保護者の役割は小さくないはずです。聴覚障害児の保護者は聴児の保護者と比して、養育態度でどの様な点が異なるのでしょうか？　またそのことが子どもの言語力とどの様に関係しているのでしょうか？　そのことを比較的大人数の聴覚障害児のデータから読み解くのが本章のねらいです。［出典：Ｐ90］

この「はじめに」のいうことは口話教育あるいはその新型ともいうべき聴覚口話教育の偏見と錯覚による独断に基づいています。その根底に前述した「言語＝音声言語＝音声（モデル1）」のように音声＝言語とする浅薄な言語論があるからです。

「自然言語は、周囲に『その言語を用いるコミュニティがあり』、『言語獲得を補償する知的能力が備わり』、そして『その言語を受容する（聞く）こと』ができれば、意図的な訓練や学習なくして獲得されます。すなわち、上記の三つの条件を満たしていれば、誰もが日常生活では困難のない一定以上の言語力を獲得できるわけです」ということは正当です。

ところが「保護者の養育態度が言語力をはじめ子どもの成長に大きく影響すると考えられており」としても、「言語力」は関係はありません。なぜ、母親に3つの条件に代わる「言語力」にかかわる全責任を押し付けるのでしょうか？

「母親法」という方法を案出、母親をキーパーソンに設定し、母親に「聴音・発音」訓練という具体的な責任を押し付けることは、聴覚口話教育の責任逃れ以外のなにものでもありません。

意図的な訓練や学習なくして獲得されるものを意図的に訓練や学習によって獲得させるものに置き換えることには天地の差があります。この天地の差を理解できないようでは、濱田豊彦氏など執筆者に言語を云々する資格はなく、聴覚障害児の言語力に健聴児と比較して劣る天地の差となる原因を作ったことの自覚があるはずはないのです。「その言語を用いるコミュニティがあり」、「その言語を受容する（聞く）こと」という聴覚障害児に欠ける条件を母親に補うよう押し付けて済む話しではないのです。しかも、母親にキーパーソンになるように強制して、母親の負担を重くすることで、聴覚障害児のいる家庭の所得を押し下げたのです。

「聴覚障害児の場合には聞こえの制限があるため、言語の獲得に支障をきたしてしまいます」というなら、聴覚障害児には、彼らにとって自然言語である手話環境を保障すれば済むことであり、それを保障するのが濱田氏など教える側の責任になり、後は中澤氏のいう、視覚的手段を併用して日本語の学習を進める「方略」が課題になるだけです。

それゆえこの「はじめに」という前提は、既にこの節の検査に関するナンセンスを物語っており、評価に価しないものです。

「はじめに」は聴覚障害児に人工内耳の早期施術を行っても、健聴児になるわけでもなく、依然として聴覚障害児であり、したがって早期施術にだけ期待することは早計であることを問わず語りに語っていることに注目すれば十分です。

『5 「2-2 5. 本邦における人工内耳装用児の現状」』

ここでポイントとして示されていることは、

① 聴覚障害児に対する早期人工内耳は、言語・コミュニケーション能力の発達に寄与します。

②　言語の発達には、両耳の活用（人工内耳と補聴器、両側人工内耳）が有効であることが示唆されます。

③　手話を併用する児では、特に構文の理解に関する評価が必要です。

さらに「はじめに」として

我が国で人工内耳が初めておこなわれてから約25年が経過し、聴覚障害児に対する人工内耳の有効性については数多く報告されています。しかし、人工内耳装用児を対象とした日本語の言語発達に関する詳細な検討は皆無に近い現状です。ここでは、人工内耳装用児の難聴診断年齢や新生児聴覚スクリーニング受検率などの現状と共に、これまで指摘されてきた語音弁別能への有効性について検討します。あわせて、日本語による言語性コミュニケーションへの有効性についても検討し、聴覚障害児に対する人工内耳の効果について考えます。

［出典：Ｐ106］

ここでは、人工内耳装用児が年と共に拡大している様子を統計的に示しています。これを見て、注目されるのは人工内耳装用児のうち「人工内耳＋補聴器（ＣＩ＋ＨＡ）併用児」が受検者２８５名のうち、１９８名、69・５％と比較的に多いことです。

そしてこの節の検査結果全体を俯瞰すると次のように整理できます。

①　人工内耳の早期装用は、語音弁別能（単音節の聴き取り能力）とは高い相関を認められた。

②　手話を併用する児では、複雑な日本語の文章（受身文及び関係節文）の理解を苦手としている児が比較的多い可能性がある。

③　人工内耳装用児の方が裸耳聴力が悪くても、装用閾値は良く、最高語音明瞭度が高い。

④　語彙検査では、補聴器のみの使用児よりも人工内耳、人工内耳＋補聴器併用児の得点が高い。

などとしています。

そして「わかったこと」として次のようにまとめています。

① 小児の人工内耳適用（保険適用のことか？）は1998年に始まった頃から増加して、装用児は50％弱となった。

② 小学4年～6年まで片側装用児が多いが、それより低い学年では人工内耳と補聴器の併用児の割合が70％と多くなった。それは、電気刺激による人工内耳と音響刺激による補聴器の中枢における統合が可能と分かったためである。

③ 人工内耳の早期装用は、装用閾値には影響しないが、高い語音弁別能が得られる。

④ 24カ月未満に早期人工内耳装用児とそれ以降の人工内耳装用児の日本語言語発達の比較では、大部分の言語検査項目で前者が良好である。早期の人工内耳装用は、聴きとりだけでなく、言語発達にも有益なことが示唆される。よって、新生児聴覚スクリーニング受検率の向上が重要である。

⑤ 手話併用の効果については、いろいろな条件があるのでよく分からないが、構文理解や学習の習得状況（学習の進行のことか？）に関する確認が必要である。

⑥ 「人工内耳＋補聴器併用群」が、すべての言語評価において最も高いスコアを示す。補聴器で十分な閾値が得られなければ、早期の人工内耳装用を考えるのがよい。

⑦ 人工内耳は、聞き取り評価が一般的であったが、今回の検査で語彙の理解と産生、語用的能力（言語性コミュニケーション能力）の向上に有利に働くことが示唆された。

というように、人工内耳早期装用の奨励、人工内耳と補聴器の併用を、いくらかの制限を認めながら、持ち上げる結論になっています。この結論に対する評価は困難です。

その理由は、「高い語音弁別能が得られる」といっても実生活には存在しない防音装置を施した検査室における単音節の聴取なので、実際の役に立たないことが十分予想され、さらにここでいう「手話」併用のレベルに大きな問題があり、しかもあくまで小学6年までの到達について言及しているだけだからです。

『6「2-2 6．聴力と言語発達」』

ここでポイントとして示されていることは、

① 補聴器装用児では、裸耳聴力の閾値が補聴器利得と装用閾値に関係しますが、その3者の中では装用閾値が言語発達に最も影響を与えます。

② 補聴器装用児のより良い言語発達を促すためには、装用閾値は45ｄＢが目標になります。またそのためには早期療育が大切な因子です。（装用閾値と早期療育の因果関係は説明がないので不明　筆者注）

③ 人工内耳装用児の装用閾値は、裸耳聴力の影響を受けません。子どもと遊ぶ・話をする、学校行事に参加するなどの子どもへの関わりが装用閾値と関連します。

④ 人工内耳装用児の装用閾値は、統語や言語性コミュニケーションの発達に関連します。［出典：Ｐ114］

「はじめに」として

① 聴覚障害児が音声言語を獲得する過程には、聴力レベルが影響を与えると考えられます。その様子や程度には明確な結論は得られていない。これは個人差が大きいうえに、さまざまな要因が関連しているためと思われる。

② 「感覚器障害戦略研究」では、ＡＬＡＤＪＩＮを用いた言語ドメインの発達に関するデータとともに、アンケート調査などで得られた各児の背景要因や聴力レベルなどのデータが集めらた。ここでは、聴力レベルが言語発達

のどのような部分に影響を与えるかについて検討をおこなった。

その結果

①補聴器装用児には、読み書き、コミュニケーションを含む言語発達においては、裸耳聴力よりも補聴器の装用閾値が影響する。

②補聴器装用児では50ｄＢを境に言語発達に有意差がみられるので、45ｄＢが装用閾値の目標になる。

③人工内耳装用児では、言語発達は40ｄＢ以内に見られる。しかし、コミュニケーションでは30ｄＢを境に効果の有無が分かれる。

として、「わかったこと」は

①補聴器装用児は、早期に療育を開始するのがよい。

②人工内耳装用児の装用閾値は、語流暢性、理解、産出、言語性コミュニケーションの発達に影響する。しかし、抽象語彙の理解や学習習得度に影響を与えないので、これらの言語発達には聴力以外にも多くの別の要因が関連していることが示唆される。

と、ここまで検査結果を調べた範囲では、分かりきったことを分かったと認める以外は、分かったような分からないことが「わかったこと」として記載されていることが分かりました。それでは結局はよく分からないということを結論にすることが正しいのではないでしょうか？

ここに、番号を振ったコラム1が登場します。［Ｐ89］にもコラムがありましたが、これには番号が振られていません。どのような差があるのでしょうか。

『コラム1．補聴の現状ー重複障害児の補聴：特に人工内耳について』

これを要約すると、

① 新生児聴覚スクリーニング（ＮＨＳ）の普及により、１歳未満に難聴の有無、程度、左右差の有無の診断と、聴覚補償の方法や療育の方針決定が求められる時代になっている。その結果、非常に早い時期から補聴器の装用や人工内耳（ＣＩ）の埋め込み手術がおこなわれるようになった。補聴器装用や人工内耳手術をできるだけ早期におこない療育を開始したほうが、その効果が大きいことは疑いのない事実で、今回の研究でもそれが示されている。

② 最近は重複障害児が増えており、特に自閉症を中心とする発達障害が増える傾向にある。ろう学校幼稚部では、何らかの障害を合併している幼児は31％、発達障害とその傾向がみられる幼児は19％とみられる。

③ 将来的に特に問題となるのは、広汎性発達障害を含めた重複障害児に対するＣＩの適応と療育であろうと推測している。

④ 高度難聴児に対してのＣＩの対象年齢は、今後も低くなる状況が続く。難聴の程度や左右差の有無の正確な把握が困難な年齢層で、しかも難聴以外の障害が存在するか否か十分に確認できない時期にＣＩを装用することになり、その有効性を予測することは一般的には難しいと思われているが、それを避けては通れない状況。

⑤ 日本耳鼻咽喉科学会の適応基準（２００６年の見直し）があり、重複障害および中枢性聴覚障害では、ＣＩによる聴覚補償が有効であるとする予測がなければならないとされている。ところが、音声言語を活用したコミュニケーションへの期待にとどまらず、国内外において補聴器による効果が得られなかった重複障害児に対してもＣＩ埋め込み術がおこなわれている。

⑥　その結果は、術前よりも笑顔が多くなる、視線が合う回数が増える、数少ないが模倣動作が出現する、環境音や呼名への反応が改善した、行動面に落ち着きが出たなど親が人工内耳を評価している。したがって各症例に合った目標を設定して十分な説明をおこなえば、発達障害を持つ高度難聴児も人工内耳適応になり得る。必ずしも音声言語コミュニケーションの獲得だけが目的でないとする考え方が定着しつつある。

⑦　一方で、言語習得前にＣＩ埋め込み術を受け、就学前には日常生活で使用可能な音声言語を獲得していても、社会性の障害が残存していたためにろう学校へ就学せざるを得なかった例も報告されている。過度な期待に繋がらないために、術前に診断を受けた方がよい。（「術前に診断」の意味が不明、「術前に過度な期待をしないように説明」の意味と思われます）

⑧　重複障害児の人工内耳効果予測は、難聴単独児よりさらに困難と考えられ、親に対する術前のインフォームドコンセントのみならず、関係機関への情報提供が重要。埋め込み術自体は、それほど大きな侵襲を伴うものではないが、保護者の精神的・経済的負担、術後の長期にわたる療育にかかる負担などがあることから日本耳鼻咽喉科学会のＣＬ適応基準を念頭においた対応が必要。今後の症例集積による一層の進歩を期待する。

［出典：Ｐ122］

このコラム1の内容は奇妙です。

「コラム」とは、先に述べたように「新聞・報道雑誌・ニュースサイトなどに掲載される、ニュース以外の記事で、個人的な分析・意見が含まれている評論やエッセイの他、人生相談コーナー、『オススメ○○』などのことです。

コラム1のいわんとする内容は、「日本耳鼻咽喉科学会の人工内耳適応基準はあるが、現実は重複障害児に対しても人工内耳施術がどんどん進んでいる。一応基準に留意しても」、「人工内耳の対象年齢は、今後も低くなる状況が続く、難聴の程度や左右差の有無の正確な把握が困難な年齢層で、しかも難聴以外の障害があるか否か十分確認できない時期に人工内耳を装用することになり、その有効性を予測することは困難だがそれは避けて通れない状況にある」ということです。だから「ともかく人工内耳施術は進めよ」、とそれはまるで他人ごとのよう結論付けています。

日本耳鼻咽喉科学会の人工内耳適応基準が正しいなら、それを守ることを義務付ければよく、守られていない現状があるなら注意喚起をするのが本来です。なぜ「それ（重複障害難聴児施術、低年齢化）は避けて通れない状況」で済ませるのでしょうか？

「補聴器の装用や人工内耳手術をできるだけ早期におこない療育を開始したほうが効果が大きいことは疑いない事実、それは今回の研究でも示されている」といっても、そのような結果は今回の研究では何も示されていないのです。

権威を持つべき国家的な「感覚器研究」の纏め部分に、なぜこのような恣意的な結論を導入した軽いコラムが登場するのでしょうか？

思うにアラジン程度の研究調査では、とても結論できることはありません。だからコラムという無責任な形で、ともかく人工内耳施術の低年齢化と対象範囲を広げることを暗に奨励するしかなかったと思われます。

このコラム1は実に疑問と謎に満ちています。

第4部

「ALADJINを用いた研究成果」について2

本書では第4部に第2章「ALADJINを用いた研究成果」のうち、「2-3 ALADJINからわかる聴児・聴覚障害児の言語発達」を取り上げています。

第1章「2-3 ALADJINからわかる聴児・聴覚障害児の言語発達」

《1 「2-3 1. 聴児におけるALADJIN参考値～言語ドメインがコミュニケーションと学習に与える影響～」》

ここで「ポイント」として示されていることは、まず健聴児に対してアラジン検査を実施し、コミュニケーション及び学習に影響すると考えられる言語ドメインを評価するということです。健聴児の言語ドメインごとに問題点を検討し、聴覚障害児のそれと比較することで、聴覚障害児のコミュニケーション及び学習の問題を検討しようとしています。

しかし、この前提に問題があります。言語ドメインに表れる問題点は結果であり、原因ではないからです。実際のコミュニケーション環境を健聴児と聴覚障害児を比較すれば、聴覚障害児が絶対的に不利な立場にあります。健聴児であれば普通に入る音声語、音声、環境音など聴覚障害児には容易に入ってこないからです。その結果コミュニケーションに遅れが生じ、それが言語ドメインひいては学習能力に影響すると考えるのが普通ではないでしょうか？

それは言語ドメインがコミュニケーション及び学習に影響するというより、実際はコミュニケーション能力が言語ドメインに影響し、その結果が学習に表れると考える方が順序になります。これは、健聴児と聴覚障害児を問わず共通していえることです。この点から考えると、この不利を克服しない限り、ドメインに表れる問題点を検討して対応しようとしてもしきれないのではないでしょうか？

健聴児に実施したアラジンの結果を検討して聴覚障害児に適用しようとしても、根本的な条件の違う聴覚障害児に対して有効な手立てを講じることは困難ということです。それは部分的、限定的な対応にしかならず、言語ドメインに対して部分的な改善はあったとしてもコミュニケーション及び学習の発達に繋がることはないでしょう。

「調べたこと」は、

アラジンを健聴児に実施し、その測定したデータからコミュニケーションと学習に影響している言語ドメインを検討したとしています。この健聴児を対象としたアラジンを適用した検査による結果データが妥当か否かを判断する材料を持ち合わせていないので、この結果はそのまま受け入れましょう。

その結果は、以下のように整理できるでしょう。

ＴＱＡＩＤ（質問－応答関係検査）では、要求される質問に答える為に必要な言語能力は、年長児（5～6歳）でほぼ確立され、3年生（8～9歳）に完成するとされています。

ＳＴＡ（失語症構文検査）で要求される構文能力は、年長児で基礎的な文法構造を獲得し3年生までに完成、語彙検査では理解（ＰＶＴ‐Ｒ、ＳＣＴＡＷ）および産生課題（ＷＦＴ）とも学年が上がるに従って伸びるとされます。

このような推移をみると、ＳＴＡ（失語症構文検査）、ＴＱＡＩＤ（質問‐応答関係検査）とほぼ同時期で、語彙を含む基本的な統語構造の獲得は、3年生（8～9歳）で完成すると要約できます。ＳＴＲＡＷ（読み書きスクリーニング検査）の結果からは、年長児では音読に比べ書字の習得が十分でなく個人差が大きいことが示され、文字学習が始まる1年生以降で個人差が小さくなります。また、2年生以降は音読、書字課題ともに平均点がほぼ満点に到達することから、聴覚障害児にとってもＳＴＲＡＷは読み書き障害を検出するために有効であると判断しています。

重回帰分析の結果からは以下のことがわかったとしています。

コミュニケーションの指標であるＴＱＡ－Ｄ（質問－応答関係検査）と学習の指標であるＣＲＴ－Ⅱ（教研式標準学力検査）の発達には、語彙と統語が関与しています。

コミュニケーションには産生系、学習には理解系の言語的機能がより強く関与している傾向があります。

［出典：Ｐ133］

また、これまでの聴覚障害児に対する日本語の言語発達検査では、コミュニケーションや学習の発達を推測する試みは積極的に行われなかったことを指摘しています。それは、語彙や統語の発達を定量化することは比較的に簡単ですが、学習の発達を測ることはともかく、コミュニケーションの発達を測ることは困難で、この課題は依然として解決されないままです。

この節はアラジンを健聴児に適用して、言語発達およびそれに関連するコミュニケーション能力、学習能力に関わる言語ドメインの影響を調べるというものです。その結果、健聴児の言語発達、コミュニケーション能力、学習能力に関わる獲得語彙、統語能力など言語ドメインごとの関係、差異はおおよそ分かったとしています。目標は言語発達とコミュニケーション（能力）と学習（能力）の向上です。その向上を図る方途が分からないので、それらを下支えする具体的な言語ドメインを把握して、その対応を図ろうとしています。ところでここでいうコミュニケーション能力とは、正確には言語コミュニケーション能力です。そこで言語発達、言語コミュニケーション能力、学習能力の3点セットの関係、因果関係はどのようなものでしょうか？　考えると難しいのですが、因果関係を推定することは重要です。

言語発達はコミュニケーション能力に依存しますが、コミュニケーション能力はさまざまなコミュニケーションの量と質に依存します。学習能力は基本的に読み書き能力（リテラシー）に依存し、リテラシーは言語発達のレベルに依存する関係といえるでしょう。

鶏が先か、卵が先かのような循環的な因果関係ですが、思い切って整理すると先ずコミュニケーション能力↓言語発達↓学習能力という順序になり、そもそもの出発点はコミュニケーション能力にあると考えます。ですから生まれた時からコミュニケーションの量と質が十分得られる環境を保障することが大事なのです。

子供は生まれた赤ん坊の時から、子供や大人を含むさまざまなコミュニケーションに馴染むことで言語を身に付け、学齢期になってから文字を含む意識的な学習にかかるという順序があります。健聴児では既に言語発達、コミュニケーション能力、学習能力の3点セットはその学齢期レベルで完成しているということです。小学校からのカリキュラムはそのことを前提として作られているのです。この時点で健聴児と比較して3点セットで聴覚障害児は大きく遅れています。

聴覚障害児の3点セットに関わる遅れは、これまで聴覚口話教育にいそしむろう学校教師が直感的に理解してきたことです。そのため統語能力については文法指導を強化するなどしてきたのですが、それだけにとどまらない問題の多さに直面しているのが現実です。文法指導を必要とする統語能力というのは結果であって、その根本に幼少時からコミュニケーション不足、聴覚障害児に相応しいコミュニケーション環境が用意されていないことに問題があるのです。

アラジンが苦心してたどり着いた到達点は、結局聴覚口話教育の到達点と同じで、大局的な観点を抜きにして多くの問題を細切れ的に発見しただけのことといえます。

健聴児と比較して3点セットでの聴覚障害児の遅れは全体的なものなので、この全体の遅れを取り返そうとすれば、個々のドメインの改善、あるいは向上では追い付かないのです。

例えていえば自動車と同じです。自動車の性能は基本的にエンジン性能に依存します。それをおいてハンドル、ペダル、タイヤなどのパーツをいくらいじっても、エンジンに問題があれば自動車としての機能発揮はできないでしょう。健聴児ならエンジン部分に問題がないのでパーツの改善ですみます。ところが聴覚障害児の場合はエンジン部分に問題があるため、パーツ部分の欠陥は同じにみえても、その改善だけでは全体としての問題の解決にはならないのです。

基本的な問題はコミュニケーション能力であり、健聴児と同じコミュニケーション環境をどう保障するかにあるはずです。健聴児の場合は音声あるいは音声語がコミュニケーションのメインになるので今の環境で十分です。しかし、聴覚障害児の場合は今の環境では確実に遅れます。そのため人為的に身振りあるいは手話をコミュニケーションのメインにできる環境を保障することが大事なのです。この肝心要の問題を素通りしては、いくらアラジンを通しても、聴覚口話教育と同じスタートラインに並び、同じことをやることになるだけで、遅れを取り返すことはできないのです。

付言すれば聴覚障害児は性能のよい補聴器を装用しても、人工内耳の施術を受けても聴覚障害児であること、音声によるコミュニケーションに困難を伴うことに変わりはないという結果がここに表れています。

「はじめに」では、

「学齢期の子どもの言語発達は、コミュニケーションの発達だけでなく、学習を下支えする能力として重要性《ママ》な意味を持つ」としていますが率直にいって、このような問題の立て方が分からないのです。これは先行順、因果関係からいえば言語発達→コミュニケーション能力→学習能力になりますから、このような順序になるはずはないのです。それは筆者が先に示したように、コミュニケーション能力→言語発達→学習能力という順序が正しいのです。というのは、コミュニケーション能力→言語発達とは環境による自然的な言語獲得だからです。しかし学習能力というのは、自然的な言語獲得を前提あるいは基礎とした後の人為的な獲得になるからです。

さらにここでいう言語とは音声語です。言語を音声語に限定する限り聴覚障害児の環境的な不利は明らかであり、その結果最初のコミュニケーションにつまずきその能力獲得が遅れます。それを取り返すことはできないとはいえませんが、その克服は非常に困難な課題になるのは事実です。

この検査結果は、「第4章　ＡＬＡＤＪＩＮから言語指導（介入）へ」に活用されていますが、同時にこの活用は言語指導（介入）に誤りに直結しています。このことについておいおい説明していきましょう。

再掲しますが言語には音声言語と手話があります（モデル4）。また、言語とはイメージ（意識、概念）と表現手段の統一体（モデル4）です。表現手段には音声、身振り、文字がありそれぞれ視覚、聴覚などの感覚器官に関わっています。

このような言語の理解が一番常識的、現実的な理解でしょう。身振りが加わるのは手話は身振りで表すところから、文字が加わるのは動物は文字を持たないので、人と動物の区別を明確にできるからです。

イメージ（意識、概念）とはいわば心《こころ》というべきもので、言語の核心です。

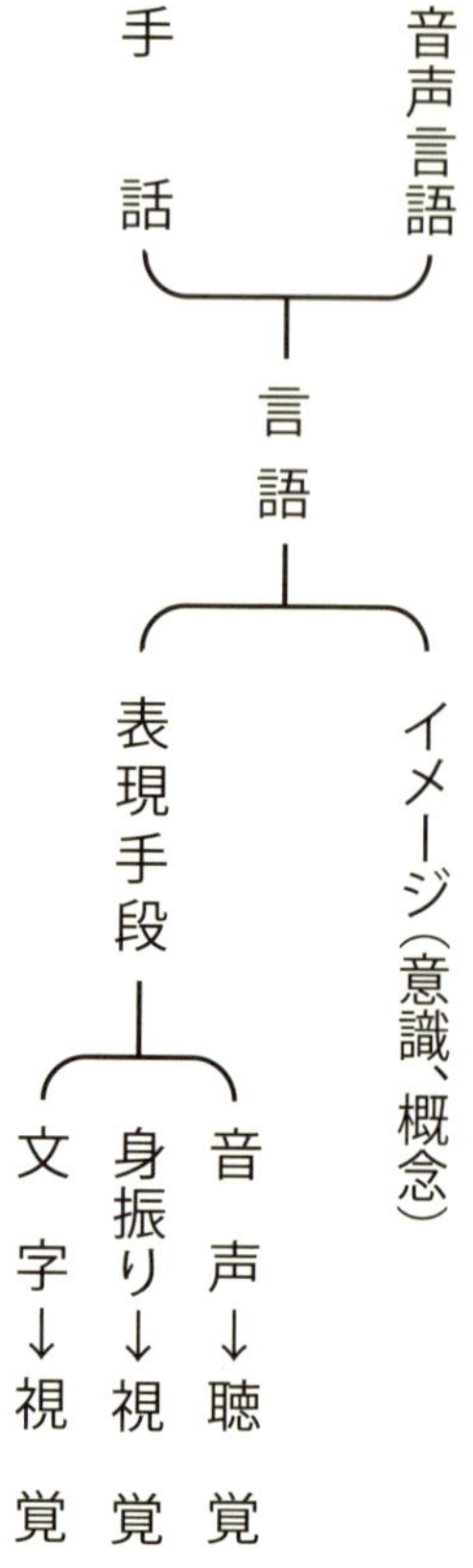

（モデル4）再掲

それゆえ言語指導は、イメージ（意識、概念）部分にどう接するか、接近するかが肝心です。ところが、アラジンの結果による言語介入は音声部分に止まっています。これでは言語指導にならず、アラジン自身が認めるように音声介入、はっきりいえば上っ面な介入になるだけです。

次にコミュニケーション、正確には言語コミュニケーションの定義、正確な理解です。しかしアラジンは言語コミュニケーションの本質的な定義や、正確な理解がない、しない、できないのです。

筆者は言語コミュニケーションを拙著『手話からみた　言語の起源』で説明していますが、コミュニケーションの本質は対面する当事者相互の意思疎通、つまり対象となるものごとの共通理解を得ようとすることです。その発端は自分の思うところを相手に知ってもらいたい、そのために相手にわかるように表現しようとする思いにあります。逆に相手の立場からはこちらのいうことを理解しよう、こちらを理解しようという思い、そしてその対応をこちらにわかるように表現しよう、表現したいという思いにあります。アラジンには、このコミュニケーションの心《こころ》、核心に触れるものがありません。

アラジンによる理解では、それは音声のやりとりです。それは、検査者が恣意的に選択した音声語によるコミュニケーション手段であって、部分的に手話によるコミュニケーション手段を用いたとしても、それではコミュニケーションの核心を欠いたものになってしまいます。

なぜそういえるのか？　それは[P60]にある「1‐3　よくある質問と回答」をみればわかります。そこでは、「質問‐応答関係検査では、できるだけ子どものコミュニケーションに熟知した者が担当し、なるべくコミュニケーションモードの変更がないようにしましょう」としているからです。

この条件にはいろいろ問題がありますが、さしあたっては検査対象者である子どもは健聴児なら、そのコミュニケーションモード（手段）は「できるだけ～変更がないように」してよい問題でなく、「絶対に～変更がないように」音声語でしなければならない問題だということを指摘しましょう。

それを聴覚障害児に置き換えるなら、その対象たる聴覚障害児のコミュニケーション手段は何か、音声語か？はたまた手話か？　を特定しなければならず、特定すればそのコミュニケーション手段は変更してはいけないことになります。そうしないと音声語の検査か、手話の検査か、区別できなくなるからです。

たとえば、「質問‐応答関係検査」で英語のコミュニケーション能力、獲得語彙、統語能力を調査しようとすれば英語で質問しなければなりません。日本語と英語のチャンポンで質問したとしても、それでは正確な検査、調査はできないからです。

それと同じようにアラジンは音声語検査であり、手話を用いれば音声語検査になりえません。あれこれの問題を便宜的に使い分けたり、逃げたりしていては正確な検査はできないのです。そこのところが、まことに便宜的でいい加減な検査手法です。

結果的にアラジンでは、健聴児と聴覚障害児の言語ドメインの正確な比較はできないし、その結果を言語指導に生かすことはできないことになります。

より重要なのは、言語及びコミュニケーションに正確な理解を欠いているので、検査対象の抱える言語全体を把握できないことです。根本的には先に指摘したように因果関係の理解がないことです。

また、言語ドメインとは部分的な問題に過ぎず全体ではなく、また全体は部分、部分の単なる集合体でもありません。全体を把握、理解しないまま部分、部分に介入しても言語指導にはならないのです。ただし、それが音声介入にならないとはいいません。しかし、問題は言語であって音声にどのような意味があるのでしょう?

『2「2-3 2.構文別の獲得年齢と順序」』

ポイント

① 聴児と聴覚障害児では、構文獲得の時期が異なっていました。
② 聴児と聴覚障害児では、構文獲得の順序性が異なっていました。
③ 聴覚障害児では独特の構文発達の様相があり、それを評価したうえで介入指導を検討する必要があります。

［出典:P136］

このようなことは、これまでの聴覚口話教育で分かっていたことです。この文章はそれを確認しただけのことです。

はじめにで、聴覚障害児の構文獲得の遅れを指摘し、健聴児および聴覚障害児に対して構文検査を実施して、どの構文がどのくらい遅れるのか、各構文の獲得時期や獲得順について比較検討したことを説明しています。

方法と結果について構文の分類があり、健聴児と聴覚障害児の構文獲得年齢を比較しています。

まず、構文を正語順文、授受構文、受身文、逆語順文、関係節文に分類して構文獲得時期は、健聴児についてはこの検査結果は、その他の先行研究も含めて一致していることを上げています。

しかし、聴覚障害児の構文獲得は大きく異なり、逆語順文・授受構文（受文）・受身文・関係節文の獲得が大きく遅れ、最後に獲得される関係節文特に主語修飾に至っては12歳でようやく獲得されているとの検査結果になっています。さらに授受構文（授文）の獲得から、その次に獲得される逆語順文までの間に、およそ4年間もの期間が生じることが分かったとしています。このことは聴覚障害児において、小学校低学年から中学年の間に構文の獲得につまずく児童が多く、さらには小学校卒業までの間に十分な構文の理解力を持たないまま学習を受けている児童が多いことが分かったとしています。それはこれまでの聴覚口話教育が問題とするところと一致しています。

構文獲得の順序では、健聴児では、正語順文の獲得時期が、逆語順文・授受構文・受身文・関係節文の獲得時期に比べ有意に早く、逆語順文・授受構文の獲得時期は受身文に比べ有意に早いとしています。

聴覚障害児においても、正語順文の獲得時期と、逆語順文、授受構文、受身文・関係節文の獲得時期との間には有意差が認められたが、逆語順文・授受構文・関係節文の獲得が（健）聴児に比べ有意に遅れがあるとしています。

特に聴覚障害児にとって格の移動ある文、授受構文の受文、受身文といった文法上の主語と意味上の主語とが異なる構文の習得が困難であることが示唆され、関係節文の獲得が最も遅くなり、関係節文や複文の理解の遅れを指摘しています。これは要するに文が複雑になるほどその獲得が遅れるということです。

全体として健聴児と聴覚障害児を比較すると、聴覚障害児に1年程度の遅れのあることを指摘しています。これらの事実から、聴覚障害児においては構文の理解度を適切に評価し、遅れが見られる場合には次に獲得すべき構文を念頭に置いた指導が必要としています。

「2－3 2．構文別の獲得年齢と順序」を分かり易くいうと健聴児、聴覚障害児ではともに単純な文から複雑な文へ順序よく獲得していきますが、聴覚障害児には遅れがあるということです。これは常識的に分かること、また聴覚障害児の言語獲得の遅れは聴覚口話教育の教師も理解していることなので、この検査結果は何を今さらというところです。この部分で重要なのは、なぜ聴覚障害児に遅れが生まれるのかということです。しかし、それは明らかになっていません。そのためこの検査結果が示しているのは、これまでの分かりきったことを若干色を付けて表現しただけのことです。

聴覚障害児の言語獲得、この場合は構文獲得の遅れる理由が明らかにならない限り、その対応の方法は分かりません。それでこの検査結果でいえることは、「聴覚障害児においては構文の理解度を適切に評価し、遅れが見られる場合には次に獲得すべき構文を念頭に置いた指導が必要」という空文句だけです。「遅れが見られる場合には次に獲得すべき構文を念頭に置いた指導が必要」といっても、その遅れの原因が分からないのに、「次に獲得すべき構文を念頭に置いた指導が必要」というのは先走りです。

さらに、文を細かくみると意味がよく分からないのです。例えばこれまで問題としてきたのは、「構文獲得」です。ところが、この文では「聴覚障害児においては構文の理解度」と突然「理解」が出てきます。「構文獲得」とは文を書くこと、「構文の理解」とは文を読み理解することです。これは、「獲得」と「理解」を意図的に違えたのでしょうか？ それなら意図的に違えた理由を説明してほしいし、意図的に違えたのでないなら「獲得」と「理解」の違いを説明してほしいと思います。

結論的には、この検査では指導（介入）の方法は何もわからないので、これまでの聴覚口話教育の指導方法を変えようにも、変えようがないのです。

『3 「2-3 3．質問−応答関係検査の得点分布から考えられること」』

ポイント

① 聴覚障害児の言語性コミュニケーション能力は、大きく上位群・中間群・下位群の3群に分かれる傾向があります。

② このうち中間群は語彙や統語などの言語力では中間に位置しますが、抽象語の理解や国語、算数などの学力では下位群とほぼ同等の力しか有していないことがわかりました。

③ 学力を支えている言語発達の状況を多角的に評価することが大切です。

［出典：P140］

そしてはじめにで言語発達の遅れは学校生活・社会生活に大きな影響を及ぼすので、聴覚障害児が言語を獲得する過程における問題を把握、適切な対処方法の検討が重要としていますが、いわずもがなのことです。

そのうえで、前述の上位群・中間群・下位群3群における特徴について述べています。

その結果、わかったことは、

上位群は、全体の約44％で、健聴児と同等の言語性コミュニケーション力を有する。

中間群は全体の約46％で、コミュニケーション能力、語彙・統語の能力は中間に位置するにもかかわらず、学力においては下位群に近い。

下位群は全体の約10％で。コミュニケーション能力、語彙・統語力、学力の全ての面で遅れがみられる。

［出典：P142］

ということになっています。

奇妙なのは、言語発達にプラスの影響を与えるとされる要因（女性、新生児聴覚スクリーニングの受検、早期の補聴開始、世帯年収）がこれら3群にどのような影響を及ぼすか比較を行ったが有意な差はなかったということです。特に新生児聴覚スクリーニングの受検、早期の補聴開始、が3群に分かれた結果に影響を及ぼしたと考えられないことは、事実として受け止めるとまことに奇妙です。それは、アラジンの実施が新生児聴覚スクリーニングの受検、早期の補聴開始、を無意味と判定したことを証明するからです。

この点、コラム1がいう「補聴器の装用や人工内耳手術をできるだけ早期におこない療育を開始したほうが、効果が大きいことは疑いない事実、今回の研究でも示されている」というにもかかわらず、「補聴器の装用や人工内耳手術をできるだけ早期におこない療育を開始」しても、少なくとも肝心の言語発達においては、どのような違いも、効果も何も示されていないことがわかったということになります。だからこそ堂々と結論としないで、コラムに逃げた理由がわかります。要するにコラム1はただの作文であることを証明するものになっています。

今回の検討で明らかになった中間群の存在については、これまで取り上げられることはほとんどありませんでした。その理由としては、中間群に属する児は言語性コミュニケーション能力が聴覚障害児としては平均的であるため、言語発達が比較的順調だと考えられていたのではないかと推測されるとしています。これは奇妙なことです。上位群で健聴児と同等というなら、中間群では健聴児と比較するなら明らかに遅れはあるわけです。これまでの聴覚口話教育においても決して中間群を放置していたわけでなく、関心は持っていたでしょう。ただし、その対応、指導方法が分からなくて手を拱いていただけのことです。

また中間群には、さらに「抽象語の理解や就学以降の学力（国語や算数）に関しては遅れが認められていることから、中間群に属する聴覚障害児を放置しておくと、低年齢ではそれほど問題とならなかった言語発達の遅れが就学以降で「学力の遅れ」として顕在化し、その後の学校生活や社会生活を送るうえで大きな支障をきたす恐れがあります」といってもどうしようもない問題です。

「聴覚障害者では学業不振や低収入がみられやすいことが報告されており、日本語言語発達の遅れが大きな影響を及ぼすことが考えられます。これによりQOL（Quality of Life）も低下することが推測されるため、早期に発見し手助けをおこなう必要があるでしょう」。

ここで「低収入」「QOL」など「社会モデル」に関する用語が飛び出したのにはびっくりしました。これまで、聴覚口話教育において「低収入」「QOL」など「社会モデル」にかかわる発言、あるいは重視した発言は寡聞にして知りません。その点、「医学モデル」に徹したこの研究にいくらかの進歩性を認めてもよいかと思います。

この「2‐3　3．質問‐応答関係検査の得点分布から考えられること」における最大の功績は、「言語発達にプラスの影響を与えるとされる要因（女性、新生児聴覚スクリーニングの受検、早期の補聴開始、世帯年収）について、これら3群の比較をおこないましたが、有意な差はありませんでした。つまり、どのような要因によってこの3群に分かれるかは現時点では不明です」と結論づけたことです。それはこの「感覚器障害・戦略研究」の目的とするところを否定する、つまり自己否定を行った意味になります。

言語発達の遅れが何を要因としているかわからないため、ともかく「ALADJINをおこない」、部分的な問題点を洗い出し、この問題点に応じた重点的な介入指導を行えば、抽象語の理解や学力について発達が可能かも知れない、そのため介入指導の効果については介入研究の成果が待たれる、として下駄を介入研究に預けています。

しかし、このようなことは、既にろう学校で聴覚口話教育に励む教師は直感的に理解して部分、部分に重点的な指導を行ってきたことです。ただ問題は一向に効果があがらないことであり、どうすればよいかも分からないことです。その点、この研究は聴覚口話教育の理解と実践をなぞっただけ、ともいえます。

しかし、介入という「新しい言葉」を使って介入研究を行うというのですから、後に結果が示されるであろう介入研究の成果を待ちましょう。

《4「2-3 4. 手話から見た聞こえない子どもたちの言語力」》

ポイント

① 小学4年生までは、音声言語を主なコミュニケーションとして用いている聴覚障害児の方が、語彙力や語用面で高いスコアになります。

② 小学5年生以降になると、両群の差はほとんどなくなり、手話を主なコミュニケーションとして用いている子どもの言語力が追い付いてきます。

③ 相関関係を示すデータを因果関係を示していると誤解しないように留意しましょう。 [出典：P144]

はじめに

「聴覚障害児に対する療育の方法や言語指導については、聴覚口話法やキュードスピーチ、手話などさまざまなものがあります」として、手話は2000年以降、多くのろう学校や難聴幼児通園施設などで積極的に用いられているとしています。この手話使用が、聴覚障害児の言語発達に与える影響、手話を使用する聴覚障害児の獲得した言語力についての客観的なデータはまだないとしています。また「聴覚障害児の指導に関しては、科学的な裏付けのないイデオロギーや信念などが指導現場では根強く残っていて、指導対象となる聴覚障害児にとって本当に効果のある指導法の選択肢が狭められていることも少なくありません」ということは事実でしょう。

「手話を主たるコミュニケーションとして使用している聴覚障害児の言語力がどのように発達し、音声が主たるコミュニケーションの聴覚障害児とどの程度似ていて、何が異なるのかを客観的なデータをもとに明らかにすることは、さまざまな聴力や認知特性を有し、さまざまな言語環境下にある聴覚障害児一人ひとりの指導方法を考えるうえで重要であると考えられます」という問題は筆者も是非知りたいところです。

そこで、今回の研究対象となった聴覚障害幼児・児童を、手話を日常的に使用している群と使用していない群に分け、言語の語用的側面、語彙的側面、書字などの側面から両群の言語力を比較することにより、聴覚障害児の言語指導における手話使用の成果と課題を明らかにする、ことは大いに関心のあるところです。

ところが、今回の研究を主導する感覚器障害・戦略研究推進室長である中島八十一氏は冒頭で「方法の概略」として、

① 聴覚障害児（0歳～15歳）を対象として言語発達・適応度その他の状況調べて、これを基に新生児聴覚障害スクリーニング実施の有効性を明らかにする。

② 『網羅的な新生児聴覚スクリーニングの実施（介入群）』と『通常のハイリスク群に対する聴覚検査の実施（対照群）』に分けて比較試験を行う。

③ 新生児聴覚障害スクリーニング実施地域における『かかりつけ小児科医からの迅速な専門機関の紹介と、人工内耳手術後のリハビリテーションプログラムの導入（介入群）』、『人工内耳手術後の通常のリハビリテーションの実施（対照群）』における比較試験を行う。

［出典：P13］

などとしているところです。しかもこのアラジンでは、言語とは音声語に限定し、手話を言語と認めていないのです。

それでは、この「手話から見た聞こえない子どもたちの言語力」検査は「感覚器障害戦略研究」においてどの

ような位置付けになるのでしょうか？　「手話から見た聞こえない子どもたちの言語力」の検査結果は有効として今後の方針に活かされるのでしょうか？　それとも単なる「付録」、「付け足し」？　最悪の場合は「イチジクの葉っぱ」として見捨てられる運命にあるのでしょうか？　大切なことですが、本節と「感覚器障害戦略研究」との関連がまったく見えてこないのです。

検査対象は、「4歳から小学校6年生までの聴覚障害児を手話優位群と音声優位群」に分けられました。手話を日常的に使用する手話優位群とは、友達と話をする時のコミュニケーション手段について手話と指文字の使用割合の合計が50％を超える児の場合、音声優位群は手話と指文字の使用割合が50％未満ということで定義されています。すると全体の30％が手話優位群に、70％が音声優位群に分類され、また学年別にみてもその割合はほぼ一定であり、全体の3分の1弱が手話優位群に、3分の2強が音声優位群に分類されています。

非言語性の知的能力を反映するレーヴン色彩マトリックス検査では、音声優位群と手話優位群に優位な差は見られないとされます。音声優位群と手話優位群に知的能力ではその差はないということですが、この結果というか、判断はこれまでにない大胆な判断といえます。

そして次に続く「質問 - 応答関係検査」で次のようなことが分かったとしています。

> ①　年長と小4では音声優位群の方が有意に手話優位群より高い得点だったことがわかりました。それ以外の年齢も小4までは統計的な有意差はなかったが、音声優位群の方が手話優位群より、総得点は全体的に高い。しかしその差は小5になるとなくなります。
>
> ［出典：P146］

そして「質問 - 応答関係検査」の課題ごとに比較すると、3つのパターンに分類できるとしています。

第1のパターンは、「Ⅰ．日常的質問」の課題で小1までは音声優位群の方が得点が高いものの、小2になると手話優位群が追い付き、差がなくなるものです。

第2のパターンは、「Ⅱ．なぞなぞ」「Ⅲ．仮定」「Ⅳ．類概念」「Ⅴ．語義説明」「Ⅵ．理由」「Ⅶ．説明」「Ⅹ．文章の聴理解」などの課題で小4までは音声優位群の方が得点が高いものの、小5になると手話優位群が追い付き、差がなくなるものです。

第3のパターンは、「Ⅷ．系列絵」「Ⅸ．物語の説明」などの課題で両群にほとんど差がないものです。これは日本語の知識が前提とならず、求められる内容を手話で回答することができるため、手話優位群も音声優位群もほとんど変わらないという結果です。

これらの結果をどのように受け止めればよいのか、あるいは解釈すればよいのか判断がつきません。しかし、検査の結果なのですから、何らかの解釈をしなければ出口は見つからないので、もっと追求すべき課題でしょう。

第2のパターンに含まれる課題は全て日本語の知識が前提になるので、このように日本語の知識が求められる項目では、小学校中学年までは音声を主たるコミュニケーションとしている子どもたちの方が高い得点を示します。しかし、小学校高学年になると、手話を主たるコミュニケーションとする子どもたちが追い付き、両群の差がなくなるそうです。なぜそうなるのか？　これも追求してほしい課題ですが、ここでは明示されません。

次いで絵画語彙発達検査の結果が示されています。この検査は絵（例えば4コマの絵）を見せて、その中から検査者の言う単語に最もふさわしい絵を選択させるもので、基本的な「語彙の理解力」の発達度を測定するものです。

この検査では、手話優位群も音声優位群のどちらも語彙力はどの年齢においても健聴児を下回っているということができ、聴覚障害児の語彙力の底上げが必要としています。しかし、年中、年長段階では健聴児との差は小さいが、その後小学校低中学年までは差は大きく開き、小学校高学年になると聴覚障害児の語彙力が急速に伸び、健聴児との差が再び縮まっているとしています。それも手話優位群においてその傾向は顕著ということです。

音声優位群と手話優位群の比較では、小４で音声優位群の方が手話優位群より有意に高い得点を取るが、各年齢で両群に有意な差はないということです。これが質問‐応答関係検査とも一致するという結果にどのような意味があるのでしょうか？　そこが明らかにならない限り、現実的な解決は望めません。

知的背景と質問‐応答関係検査の関係として知的能力は高いけれども、質問‐応答関係検査スコアが著しく低い子どもたちが、音声優位群にも手話優位群にもどの年齢にもいることが分かったそうです。知的能力が高いにもかかわらず、質問‐応答関係検査の結果が低いということは、その子どもに適した指導法を提供できていないということを指摘しています。

これはとても重要なことです。「その子どもの認知特性や言語環境、保護者の考え方などを総合的に見ていきながら、最適の指導方法を提供していくことが大切」としていますが、このような問題は今回のアラジン検査とは切り離して、さらに調査検討していくべき現実的な課題ではないでしょうか？

わかったこととして、

①　質問‐応答関係検査や絵画語い発達検査では、小４までは音声優位群の方が手話優位群より高い得点を示すことがありますが、その差は小５にはほとんどなくなります。

②　絵画語い発達検査で示される理解語彙は、定型発達児と比較してどの年齢も１ＳＤから２ＳＤ下回っており、使用コミュニケーション手段に関わらず、聴覚障害児にとって大きな課題になっています。

③　小4までは丁寧に時間をかけて生活言語を中心とした言語指導をおこなっているため、定型発達児との差は一時的に広がりますが、小5を過ぎると定型発達児以上のスピードで言語獲得が進み、その差が縮まります。

［出典：P150］

としていますが、実はこの意味がよく分からないのです。

1つは「健聴児以上のスピードで言語獲得が進む」というのは音声優位群と手話優位群のどちらについていっているのでしょうか？　音声優位群についていっているのでしょうか？　手話優位群についていっているのでしょうか？　それとも、どちらの群についても共通のことをいっているのでしょうか？　この点の説明が不十分なので音声と手話とどちらの群が有利なのか分かりません。

2つ目は「丁寧に時間をかけて生活言語を中心とした言語指導をおこなっている」といいますが、この場合の生活言語とは音声語なのか手話なのか、どちらをいっているのでしょうか。それとも二つを併用しているのでしょうか？　これを明確にしなければここで音声優位群と手話優位群に分類したことの意味がなくなります。

3つ目は「生活言語を中心とした言語指導をおこなっているため、定型発達児との差は一時広がるが、小5を過ぎると定型発達児以上のスピードで言語獲得が進む」といいますが、それはなぜなのか？　理由が分からないのです。

なぜなら「丁寧に時間をかけて生活言語を中心とした言語指導」の言語がわからないのですが、それは「定型発達児よりも手間暇をかけること」になるので、結果的に語彙獲得の遅れに繋がり、後の言語発達を遅らせることになると考えられるからです。

最後に「小5を過ぎると定型発達児以上のスピードで言語獲得が進む」というが、それはいつまで続くのでしょうか？　まさか中学生になるとまた追い越されるということにならないでしょうか？　それを明確にしなければ高等教育機関における学力向上、あるいは社会生活におけるＱＯＬの向上に繋がらないでしょう。進歩もあれば後退もあるというのでは聴覚障害児の人生にとってプラス要因とはならないのです。

聴覚障害児の言語指導法で手話を早期から用いる方法として、トータルコミュニケーションやバイリンガル教育があります。どちらも、まず子どもにとって獲得に不利のない手話によるコミュニケーションを早期に確立させ、その力を使って音声言語につなげていくことをねらっています（Simms and Thumann, 2007）。従って、小学校低中学年で手話優位群の成績が音声優位郡に比べて伸び悩んでいるのは、言いかえれば手話によって日常的に必要なコミュニケーションの力に相当する生活言語（BISS）[2]の部分を醸成しているからであるといえるでしょう。そして、十分に手話による生活言語の力がついたら、学習に必要な学習言語（CALP）[2]が急速に身につき、それが音声優位群と手話優位群の差の縮小につながっていると考えられます。

［出典：Ｐ150］

この第４節のよしあしは別としてアラジンとは全く異質です。というのは、「トータルコミュニケーションやバイリンガル教育」はこの検査対照群には無関係だからです。検査対照群は基本的に聴覚口話教育を受け、レベルは別として部分的に手話、あるいは手話まがいの使用が認められる程度の教育を受けた子どもたちではないでしょうか？　ここは単に検査者の願望を表していると考えられますが、この方向が現実化すればよいと思います。

それは「～ねらっています（Simms and Thumann,2007）」と外国研究者の意見（？）あるいは検査結果（？）の引用があるところをみれば分かります。しかし、日本ではかつて「トータルコミュニケーションやバイリンガル教育」のかけ声はあっても実践校はなかったのです。トータルコミュニケーション教育とは聴覚、口話、手話、筆記など考えられるあらゆるコミュニケーション手段を使う教育の意味ですが、そもそも肝心の手話を完璧に使えるろう学校教師はほとんどいないのです。つまり日本のトータルコミュニケーション教育は手話抜きになってしまい、実践が困難な机上の空論です。

バイリンガルとは本来は2カ国の音声語が完璧に使えることで、音声語の範囲での用語です。バイリンガル教育の意味をろう教育に適用すればその国の手話と音声語の2つを使った教育とされていますが、それは正確な理解ではありません。正確には、音声語の音声は関係なく、日本語文字（表音文字）と手話を使った教育という意味になります。これも日本では、先述のような事情で実践校はろう学校では生まれそうもありません。国外では、バイリンガル教育を実践しているとされるのはスウェーデンやフィンランドなどの北欧の大学、アメリカのギャローデット大学などでしょう。

筆者はバイリンガル教育の支持者ですが、スウェーデンやフィンランドでは人工内耳の幼児早期施術が95％を越えるほど普及しているときけば、バイリンガル教育の効果を疑いたくなります。もし、バイリンガル教育の成果が順調であれば、乳幼児の人工内耳施術がそれほど普及するはずはないのです。その問題点を探る別の課題があります。

日本で唯一バイリンガル教育を実施していると想定されるのは、明晴学園です。明晴学園はその手話環境の整備によって子どもの手話コミュニケーションが発達したことが報告されていますが、学力向上があったとの具体的な報告はありません。バイリンガル教育は学力向上あってこそ意義がありますが、その報告がないということはバイリンガル教育ではない、少なくともバイリンガル教育に成功していないのかも知れません。

いずれにせよ、この部分の検査及び結果は「感覚器障害戦略研究」全体とも異質です。この部分が、「感覚器障害戦略研究」のいう介入教育に活用された様子もありません。

この部分の研究を加えたのは、「感覚器障害戦略研究」の良心でしょうか？　それとも「感覚器障害戦略研究」の動揺を表しているとみるべきでしょうか？

『5「2-3　5. 語彙の発達評価の意義」』

ポイント

① 聴覚障害児における語彙の理解や産生の良好な発達には、適切な補聴が重要です。
② 語彙理解が良好なほど構文理解も良く、コミュニケーションも良好な傾向があります。
③ 語彙理解は聴児と比べ、大きく遅れる児が多く、また学年が上がるにつれ個々の差が拡大する傾向にあります。
④ 家庭での関わりなどの環境因子も、語彙の発達に大きな影響を与えます。

［出典：P152］

このポイントをみると、あまり言語に関わる知識がないというか、言葉遣いをよく知らない人の執筆のようです。例えば、

①「適切な補聴が重要」というのは正確には「補聴」でなく「聴力」です。仮に補聴が正しいとしても「わかったこと」において書くべきで、ここに書くのは結論の先取りです。

②「語彙理解が良好なほど構文理解も良く、コミュニケーションも良好な傾向がある」というのは、順序が逆です。「コミュニケーションが良好なほど語彙理解も構文理解も良好な傾向がある」というべきです。先にいった鶏と卵の関係のようですが、乳幼児においてまず始まるのがコミュニケーションであって、語彙理解や構文理

解が先行するわけはありません。

③「家庭での関わりなどの環境因子も、語彙の発達に大きな影響を与えます」というのは、家庭に責任を転嫁したがる聴覚口話教育の発想です。教師とのコミュニケーション関係も含め、学校環境の与える影響はどうなのでしょうか？　顧みて他を言えということになります。

普通教育で、語彙発達は家庭での関わりなど環境因子が大きな影響を与えるという言い方はあるでしょうか？

聴覚障害児に限ってこのように語彙発達に家庭責任を強調するなら、教育のための学校はいらないのです。語彙発達は、子どもを取り巻く環境全体が重要なのであって、家庭はその一部に過ぎません。語彙の発達に大きな影響を与える環境因子とは家庭以外に何があるか具体的に考えるべきです。

はじめに

世界的に新生児聴覚スクリーニングが普及し、難聴児への早期介入も実現しています。それとともに、早期介入された子どもたちの語彙発達に関する研究も報告されるようになってきました。しかし、早期に療育開始された難聴児においても、初期の理解および産生語彙は聴児よりも遅いという報告もあるように、決して楽観視することはできません。語彙発達を調べることは、小さな子どもたちの言語力を評価するための第一歩であり、ここから発音や統語、談話、語用の各レベルを評価していくことになります。

戦略研究では、語彙発達に影響を与えるさまざまな要因も探ることにしました。音声言語から正しく音素や音節を抽出するために必要な能力を音韻知覚とすれば、子どもは周囲の音の中から音声を構成している音韻を正しく聞き分けて、それをコード化・保管し、取り出せるようにしておくことが音声言語習得に必要となります。一方で、聴力レベル以外の要素、家族の関与、行動面の問題、補聴器の常時装用、置かれた教育環境のノイズレベル、他の障害の有無、療育の質、人工内耳の有無などが、言語習得の結果に影響を与えるという報告もあります。どのような因子が言語習得に関わるかという事についてはさまざまな意見がありますが、ここでは特に理解語彙の習得背景についての検討をおこないました。［出典：P152］

この「はじめに」は、考えられることを手当たり次第に並べただけで、実は何をいっているのか、よく分かりません。

ここでは、まず難聴児に早期に療育を開始しても、初期の語彙理解および産生は健聴児よりも遅く、決して楽観視することはできないということを認めています。なぜ遅くなるのか？　それはコミュニケーションが困難なために、コミュニケーションの対象が施設、家庭などに限定されるからです。

「子どもは周囲の音の中から音声を構成している音韻を正しく聞き分けて、それをコード化・保管し、取り出せるようにしておくことが音声言語習得に必要となります」ということは健聴児に容易に適用できても聴覚障害児に適用できるでしょうか？「正しく聞き分ける」ことが困難だから聴覚障害なのであり、「周囲の音の中から音声を構成している音韻を正しく聞き分ける」は大変困難です。単に「必要となります」で済ませられては困ります。さらにさまざまな人たちの「音声言語から正しく音素や音節を抽出するために必要な能力」を得ることはいっそう困難です。聞こえているようで、音声言語が分からないというのが聴覚障害児にとって共通の課題です。その結果が「早期に療育開始された難聴児においても、初期の理解および産生語彙は聴児よりも遅い」ことに表れるのです。

ここで問題となっているのは言語です。そのためここは「子どもは周囲の音の中から言語を構成している音韻を正しく聞き分けて、それをコード化・保管し、取り出せるようにしておくことが音声言語習得である」とする方がより直接的で分かりやすいでしょう。しかし、聴覚障害児にこのようなことができないのが実は問題なのです。この問題を克服できる方法を開発しなければ、ここで言われることはただのお題目にすぎません。

しかし、この文はそもそもの最初に十分な言語コミュニケーションが必要であるということを証明しています。そうでなければ「コード化・保管し、取り出せるようにしておく」ものが言語であるという保障はないからです。この検査によって、コミュニケーション環境の重要性が証明されるか大いに関心をそそられますが、そういう結果は期待できないようです。

音声言語習得に必要なものとして聴力レベル以外に、家族の関与、行動面の問題、補聴器の常時装用、置かれた教育環境のノイズレベル、他の障害の有無、療育の質、人工内耳の有無などの影響についていっていますが、要するにさまざまな意見があるということだけです。このようなことで、特に理解語彙の習得背景についての検討は困難というべきでしょう。

結果ではつぎのようにまとめられます。

生活年齢よりも語彙年齢が2歳以上遅れている児は63％にのぼりました。年齢が上がれば小6までは語彙も頭打ちになることなく伸びていきます。低学年では、比較的低い得点に片寄り、学年が上がるにつれて広がりが大きくなり、全体として低いなかでばらつきが表れるそうです。

語彙理解の良好な子どもは、意味理解、構文理解も良く、コミュニケーションも良好な傾向があることが分かったとされますが、ここでも、因果関係が逆です。コミュニケーションが良好なので、語彙理解、意味理解、構文理解が良くなるという関係が理解されていないようです。

わかったことでは、つぎのようにまとめられます。

裸耳の聴力レベルではなく、装用時の聴力レベルや装用時の語音明瞭度が語彙の理解および産生に大きく影響するとされました。すなわち補聴は聴取だけでなく語彙の発達にも影響を与えることが改めて示されました。ですから近年の補聴器の進歩、最重度の子どもにも40デシベル（dB）以下の装用閾値を可能とする人工内耳などの今後の発展が期待されるとしています。「装用閾値（装用時語音明瞭度、補聴手段）」とともに、他の因子として「発音の状況」「父親の学歴」が挙げられています。

その他に軽度の難聴ですら語彙発達に影響を与えうるという意見を紹介したかと思えば、「軽度～高度難聴の小児の（裸耳の）聴力レベルが言語習得の結果に影響を与えるというコンセンサスはない」という意見を紹介したりしています。影響を与えないという理由は、聴力以外のさまざまな環境要因が個々の子どもたちの言語習得の結果に影響を与えるからだといいます。といったかと思えば教育環境、家庭環境が語彙に与える影響についての報告はあまり多くないといったりしています。

いったい何をいいたいのか、よく理解できません。語彙発達と言語習得は同じものでしょうか？　語彙発達と思って読んでいるといつの間にか言語習得になっています。語彙発達とは部分の問題、言語習得とは全体の問題です。部分と全体を混同しては意味をなさないのです。

それはおいても、語彙発達と言語習得の混同はあるにしても、「軽度～高度難聴の小児の（裸耳の）聴力レベルが言語習得に影響を与えるというコンセンサスはないと述べています。その理由は、聴力以外のさまざまな環境要因が個々の子どもたちの言語習得の結果に影響を与えると推測される」という説明も分かりません。聴力レベルが言語習得に影響を与えないというのは健聴児（0デシベル）の場合にいえることです。

「軽度～高度難聴の聴力レベルが言語習得に影響を与えうるコンセンサスはない」というのはありえないことです。もしそうなら当の問題である聴力レベルの改善は意味がなく、必要でもなくなります。そうではなくて聴覚障害児の場合は聴力レベルが、その障害の重さが決定的に言語習得に影響します。ですから、「装用閾値を40デシベル以内にすることが一つの目標となる可能性」といえるのであり、またその程度では言語習得の困難は変わらないのです。

これは、「新生児聴覚スクリーニングや人工内耳の普及に伴い、難聴発見、装用閾値、療育開始時期などの医学的背景は、この10年で大きく改善されてきた」ということが、語彙発達もしくは言語習得に関して大した効果のないことを問わず語りに語っており、その弁解のために「教育環境、家庭環境が語彙に与える影響」について強調しているにすぎないといえるでしょう。

今回の検討では、良好群と不良群の2群に分け種々の因子を比較すると、家庭環境が見逃せない要因であることが分かりました。家庭における家族の関わりや発音の状況などが、2群間で差がある要素として推測されたとしています。そしては以下の2つの解釈が成り立つとしています。

① 家族が子どもたちと関わり会話が増えることで、発音も良好となり、語彙発達が促された。
② 語彙発達が良好であるから、家族との関わりや発音が良好となった。

このどちらの解釈が正しいのか、その因果関係を明らかにすることは困難です。両者とも正しいのかもしれません。ただ、容易なことではありませんが、家庭環境や親子関係を指導・改善することができれば、子どもの言語発達により良い影響を与える可能性はありそうです。

［出典：P157］

ここでは、「2つの解釈」をあげていますが、ここでも、因果関係の理解が不足しています。

「① 家族が子どもたちと関わり会話が増えることで、発音も良好となり、語彙発達が促された」というなら、家庭環境の影響が第一義的に重要となります。
「② 語彙発達が良好だから、家族との関わりや発音が良好となった」というなら、語彙発達が第一義的に重要となり、家庭環境の影響は薄れます。

結論的に「容易なことではありませんが、家庭環境や親子関係を指導・改善することができれば、子どもの言語発達（語彙発達？）により良い影響を与える可能性はありそう」というなら、肝心の言語発達（語彙発達？）を促すポイントは何か？ という問題が残ってしまいます。要するに何も分からないでお茶を濁しているということでしょう。そのため家庭環境を強調する割には、「子どもの言語発達（語彙発達？）により良い影響を与える可能性はありそう」という慎み深い、いいかえれば不安を抱えたシメになるのです。

しかし重要なことは、聴覚障害児の多く（63％）が、生活年齢よりも語彙年齢が2歳以上遅れているという事実です。また、成長とともに語彙発達が見られるもののかえって分布が拡大する傾向があることから、その伸びには個人差が大きいことが推測され、語彙を定期的に評価することが極めて重要であるといえます。語彙発達に影響を与えうる因子を改善する努力とともに、実際の児の語彙発達を適切に評価し、指導につなげていくことが望まれます。

［出典：P158］

この文章もよく理解できません。「その伸びには個人差が大きいことが推測され」るなら、なぜ個人差が大きくなるのか？ を知ることが大事ですが、それが分からないのです。「語彙発達に影響を与えうる因子を改善する努力とともに、実際の児の語彙発達を適切に評価し、指導につなげていくことが望まれます」として、語彙発達を評価できても、語彙発達に影響を与えうる因子は何か？　という肝心の課題がわからず残っています。それでも「指導につなげていくことが望まれる」というのはただのお題目にすぎません。

「新生児スクリーニングや人工内耳の普及に伴い、難聴発見、装用閾値、療育開始時期などの医学的背景は、この10年で大きく改善されてきた」といっても、「わかったこと」は大きな改善が語彙発達もしくは言語習得に関して大した効果のないことを明らかに示しているのではないでしょうか？

《6「2-3　6．標準抽象語理解力検査（SCTAW）の意義」》

ポイント

① 標準抽象語理解力検査の結果は、ALADJINに含まれる日本語発達検査のほぼすべての項目と高い相関関係を示す重要な検査項目であり、基礎的・具象的な事柄から、抽象的な概念の形成や、主体の変化する構文の理解などに繋がる能力を反映していると考えられます。

② 抽象語理解の発達には、十分な言葉の聴き取りを可能とする適切な補聴と、学習・教育が重要です。

［出典：P160］

ここでも「抽象語理解の発達には、十分な言葉の聴き取りを可能とする適切な補聴と、学習・教育が重要」として補聴と聴力が混同されています。「十分な言葉の聴き取りを可能とする適切な補聴」が可能なら何も問題はないのです。問題は「十分な言葉の聴き取りを可能とする適切な補聴」が困難なことにあり、その克服をどうするか？ということではないでしょうか？

「はじめに」では聴覚障害児は目に見える（具象的な）事柄と比較して、抽象的概念の理解が難しいとされていますが、科学的にそれを示した文献は少なく、また音声日本語の発達における検討は非常に乏しいのが現状、と指摘しています。さらに近年の補聴器の発達や人工内耳といった器材装用による聴取能の改善との関連に関してはほとんど検討されていない、といっていますがこれは奇妙です。

それはコラム1で次のようにいっているからです。「補聴器の装用や人工内耳手術をできるだけ早期におこない療育を開始したほうが、その効果が大きいことは疑いない事実で、今回の研究でもそれが示されています」。

この節でも、「感覚器障害戦略研究」全体でも結論あるいはまとめの総論はありません。それなのになぜコラム1のような判断ができるのでしょうか？　これはコラム1がいかにいい加減なことをいっているか、の証明です。

結果は聴覚障害児における抽象語理解力は、小学校1年生～6年生では男女差はなく、聴覚障害児においても健聴児同様に、標準抽象語理解力と年齢が良く相関することがわかりました。また、健聴児の得点差は月齢を問わず認められますが、両者の成績の伸びに大きな差は認められない、としています。聴覚障害児であっても良い得点を示す者は、健聴児と同程度の抽象語理解力を有する、とされていますが全体としてはどうなのかは、示されません。

わかったことに次のようなことが挙げられています。

1．聴覚障害児では聴覚入力による言語獲得が少ないので知っている語彙量が少なく、知っている語彙に偏りがあり、抽象的な意味を表す単語を知らない。

2．聴覚障害児の多くが抽象的な単語の使われている文章を苦手とし、知っている単語を適当に関連づけて文を解釈してしまう傾向がある。

３．９歳前後から、自分が経験・学習した知識を論理的な思考により構造化することで一般化するようになり、抽象的思考を獲得すること。

［出典：Ｐ165］

これらのことを前提として、

１．聴覚障害児の標準抽象語理解力検査の得点は、（健）聴児と比較して２学年程度の遅れがある。しかしその発達速度は、健聴児と比較して大きな差は認められない。

２．聴覚障害児の抽象語獲得は健聴児よりは遅れるが、その伸びは健聴児と同程度である。学年ごとの抽象語理解力の分布では、得点が上位群では健聴児とほぼ同程度の発達を認めるが、下位群では明らかに発達の伸びが遅い。

３．これらのことから、抽象語理解力の発達には適切な補聴手段による聴覚入力の確保とともに、学習・教育が重要であると考えられ、装用閾値だけでなく、最高語音明瞭度や発音状況の項目が有意に関わるので、早期から適切な補聴により語音弁別能力が向上し、その結果語彙の増加がもたらされる可能性がある、

［出典：Ｐ165］

としています。

しかし、「語彙の増加がもたらされる」原因を「早期から適切な補聴手段による聴覚入力の確保」によるものとはいいきれません。なぜならここに「早期から」という言葉が何気なく入っていますが、これを示唆する検査結果は出ていないのです。

それは、再掲になりますが感覚器障害戦略研究　推進室長である中島八十一氏は冒頭で「方法の概略」で、

①　聴覚障害児（０歳〜15歳）を対象として言語発達・適応度その他の状況調べて、これを基に新生児聴

覚障害スクリーニング実施の有効性を明らかにする。
② 「網羅的な新生児聴覚スクリーニングの実施（介入群）」と「通常のハイリスク群に対する聴覚検査の実施（対照群）」に分けて比較試験を行う。
③ 新生児聴覚障害スクリーニング実施地域における「かかりつけ小児科医からの迅速な専門機関の紹介と、人工内耳手術後のリハビリテーションプログラムの導入（介入群）」、「人工内耳手術後の通常のリハビリテーションの実施（対照群）」における比較試験をおこなう。

［出典：P13］

としているように介入群と対照群に分けての比較試験ではないからです。だから「早期から」とする根拠は何もありません。これも不思議なことです。

『7 「2-3 7. 聴覚障害児の「心の理論」と言語発達の関係」』

ポイント

① 聴覚障害児においては、人の考えを読み取る力に関係する「心の理論」の発達が聴児に比べて遅れる傾向がありました。
② 心の理論課題の成績を予測できる変数として、統語生産力と語彙理解力が抽出され、心の理論獲得と言語発達との間に一定の関係がある可能性が示唆されました。

はじめに

人がどんなときにどんなことを考えているのかを想像できる力のことを「心の理論」といいます。（中略）

心の理論は社会性とコミュニケーションに困難を抱える自閉症の子どもたちを主な対象としてこれまで研究されてきましたが、聴覚障害の子どもたちを対象とした研究も近年なされており、聴児に比べて発達が遅れる傾向があり、それはまた言語発達に密接に関係していることがわかってきました。（中略）

［出典：Ｐ168］

わかったこととして次のように言っています。

（前略）他者と良好な社会関係を築くためには、心の理論すなわち「Ａさんは○○のときには□□と考えるだろう。だから△△をするだろう」といった状況の中で相手の考えを適切に読み取り、行動を予測する力が重要であり、それがスムーズにできるためには一定レベルの文産生力や語彙理解力が関わっている可能性が本研究から示唆されました。相手の視点に立ち、相手の考えを想像しながらコミュニケーションできる力を高めるためにも言語力を高めることは重要だと考えられます。

［出典：Ｐ171］

右のような「わかったこと」のいわんとすることは理解できますが、「コミュニケーションできる力を高めるためにも言語力を高めることは重要」というのは順序が逆になっています。コミュニケーションと言語力は相互支援の関係にありますが、言語力を高めるにはコミュニケーションが先行します。

教師と子ども、子どもと子どものコミュニケーション関係などの良好なコミュニケーション環境があってこそ言語力の発達が期待できます。

そもそも今回の「感覚器障害戦略研究」調査対象となっているのは医療施設（病院、診療所）、その他（大学や研究施設)、難聴幼児通園施設、普通小学校などが75%と多数です。より多くの聴覚障害児が通学し、一応の集団が構成されていると考えられる特別支援学校(ろう学校)は少数で25%です。

このような対象施設の構成では良好なコミュニケーション関係が期待できず、したがって言語力の高まりも期待することに無理があります。

子どもたちが悩むのは教師とのコミュニケーションです。教師のいうことがわからない、教師にいいたいことがいえない、などのことが原因で教師とのコミュニケーションが困難になっているのが子どもたちの直面する現実です。また、単独あるいは少数の聴覚障害児たち相互のコミュニケーションも困難な環境です。単独ではそもそも相手がいないし、少数では対象が狭いのでコミュニケーションの内容も制限されます。

また、この検査でたびたび強調されるように、特に母親に責任がかかる仕掛けではこれもコミュニケーションの幅を狭めます。他方、子どもたちとのコミュニケーションが難しい、負担が大きい、というのが教師の現実ですが、それを避けようと「言語力を高めることは重要」などというのははぐらかしです。はぐらかしが目的でこんな検査をしてもあまり意味がないのでは、と思います。このように順序が逆の考えは他の検査にもみられます。

「相手の視点に立ち、相手の言語に合わせて子どもたちとコミュニケーションできる力を高めるためにも、音声日本語であれ、手話であれどのような言語にも対応できるように教師の言語力を高めることこそ重要と考えられる」というのが心の理論、少なくともその出発点になるでしょう。

心の理論は実際の人と人との触れ合いの中で育っていくものです。そのようにして、はじめて子どもたちの文産生力や語彙理解力を高めることが可能となり、子どもたちの心に自発的にそのための技術を開発しようとする意欲が生まれます。

「心の理論・相手の視点に立ち、相手の考えを想像しながらコミュニケーションできる力」は言語のどの部分に該当するかを具体的に示すと（モデル3）に示すイメージ（意識、概念）に関わる部分であり、その内容です。それは音声や身振りに宿ることはありません。宿るとすればそれは音声語であり手話です。

しかし、アラジンは音声を基盤としているため「心の理論・相手の視点に立ち、相手の考えを想像しながらコミュニケーションできる力」にどのコミュニケーション手段を使うのか、具体的に音声語か手話かを指摘できないのではないでしょうか？　アラジンの設定した環境では、教師が一方的にコミュニケーション手段を音声語と決定して、子どもたちにそれによることを強制するしかないのです。このような環境では「相手の視点に立ち、相手の考えを想像しながらコミュニケーションできる力」を教師たちがもっているはずはなく、教師たちがもっているはずのないものを、子どもたちに強制できる訳はないのです。これでは、良好なコミュニケーション関係を築くことは困難です。

本当の「心の理論」は「相手の視点に立ち、相手の考えを想像しながら」「どのような行動をすれば相手の希望に応えられるか、その利益にそえるか、少なくとも自分の希望や利益を損なわない範囲で、相手の希望や利益にそうことができるか、を真剣に的確に判断し、行動する能力」といえるのではないでしょうか？

その点からいえることは『『ハムスターの問題』』は社会的な状況の中で相手の発言の意図を理解する力を評価する課題です。その結果、健聴児と比べて明らかに低い傾向がみられた」というのはたやすいことです。なぜなら、この点については検査対象の「聴覚障害がある子ども」は明らかに教師に学んだ結果ともいえるからです。

そもそも教師に「聴覚障害がある子ども」に対して「その視点に立ち、相手の考えを想像しながらコミュニケーションできる力」に欠け、「子ども」たちの望む方向でなく、自らの、健聴者の話しやすい方法でのコミュニケーションを強制するからです。

「明らかに低い傾向」という結果は、「子ども」たちの希望や願いに反して自分に都合のよい音声語に頼る教師の日々に「心の理論」が欠けていることを子どもたちが的確に見抜いているからです。そして教師の心構えに追随した結果ともいえます。これはアラジン検査の個々の部分を越えて全体的な検査結果を総括しているともいえるでしょう。

『8「2-3 8．発話明瞭度から見えてくる背景と言語発達」』

明瞭度とは通信などでの音声品質を示す尺度のひとつです。単音あるいは音節がどれだけ正確に相手に伝わるかを表す値で、正しく発音された単音や音節に対し、受話者が完全に了解できた数と送話した数との比をパーセントで表します。単音を用いたものを単音明瞭度、音節の場合は音節明瞭度と呼ばれています。明瞭度とそれに関連するさまざまな評価方法は、電話、一定の音声品質が要求される駅やホールなどの建築物、補聴器の評価などに使われますが、アラジンの場合は聴覚障害児の発話についての能力を評価したものと考えてよいでしょう。

ポイントとして挙げられていることは、良好な補聴効果は、発話明瞭度によい影響を与えること、したがって補聴効果、発話、日本語（音声日本語）発達にはそれぞれの関連性がある、よって相互の関連を念頭に置きつつ、各々の客観的な評価を行うとしています。

聴覚障害児の発話明瞭度は、一般に裸耳聴力が厳しくなるほど低下するといわれますが、近年、難聴の早期発見や早期療育開始が浸透し、補聴器や人工内耳の進歩による補聴環境改善と相まって、重度聴覚障害児であっても構音良好な例がみられるようになったことを指摘しています。

検査結果はここでも良好群と不良群に分けられます。両群の男女割合を見ると、良好群では男児41・7％・女児56・1％、不良群では男児68・6％、女児31・4％で有意に女児が多いとされました。さらに人工内耳装用児が比較的によい成果を収めているようです。

装用閾値では、良好群と不良群が40デシベルを境に分けられます。両群間で年齢、難聴発見時期や補聴開始時期、裸耳聴力に差は見られませんが装用時最高語音明瞭度は良好群で高い比率を示しています。

検査は発話明瞭度の良好群がコミュニケーション・語彙・統語のいずれにおいても有意に良好な結果を得ています。また言語発達の差は知的発達の差によるものでないと考えられています。

「わかったこと」として検査対象の聴覚障害児の約8割は、比較的良好な構音であると推測されました。その背景は人工内耳装用がその理由として浮かび上がってきたとされています。

言語習得期前の聴覚障害による構音の障害は、音声情報聴取の困難さによって生じます。しかし、高度・重度聴覚障害児であっても良好な補聴が得られれば、日本語らしい韻律をもった良好な構音・発音となりうることが示唆されたとしています。このことは、発音に先立って聴取が先行することを示していますが、常識的にも判断できる問題です。

言語発達評価では、コミュニケーション・語彙・統語のいずれにおいても発話良好群が有意にスコアが高いので、発話が良好な児は言語能力も良好であるといえます。

発話の明瞭性は、音韻処理能力を反映しているといえます。音韻処理は語や文レベルの音節より広範囲の音声を同定・操作する能力であり、音声言語能力の基盤となると考えることができます。すなわち、発話および音声言語に共通する背景である音韻処理能力が良好であれば、発話および音声言語に共に良好となる、ということは理解できます。

そして、さまざまな条件があることを留保して良好な音韻処理能力をもたらすためには良好な補聴が有益である、ということも理解できます。

しかし、音声言語発達が良好であれば、それだけ日常生活でのコミュニケーションが活発になり、その結果として発話も改善される理想的なリサイクル効果が見られるということは、原因と結果を逆にした指摘です。発話明瞭度の良好群と不良群の比較は、検査対象の聴覚障害児間における相対的な比較であって、健聴児との比較ではありません。健聴児と比較して同等なのか？　遅れているのか？　遅れているとすれば聴覚障害児と健聴児との間にどのような差があるか？

このことは人工内耳などの補聴効果を測る上で重要ですが、なぜかそのような比較は示されていません。そのため、ろう学校の聴覚口話教育と比較するとより効果はあるのかないのか、などは何も分からないのです。「聴取・発話・言語は相互に強い関連性を有することが明らか」ということはいうまでもありません。しかしこれに関して論ずるなら「発話が明瞭であるから言語発達が良好である」というのはおかしいのです。因果関係、順序からいえば、「聴取→発話→言語」となるので、「聴取がよいので、発話が明瞭になり、音声語発達が良好である」といい換えるべきでしょう。

聴覚障害児は聴覚に障害があることから出発するので聴取が良好になれば、発話、音声語の順で改善されるのは理の当然です。しかも聴覚障害さえ解消すれば聴取、発話、音声語獲得に何も問題はなくなるはずです。ですから「聴取・発話・言語は相互に強い関連性を有することが明らかとなりました、その一方で各々はまた独立したものとして評価されるべきものです」というのは分からないのです。

聴覚障害児の例をみる限り、「聴取・発話・言語は相互に強い関連性を有することが明らか」とは検査結果をみるまでもなく、もとから明らかなことです。ですから聴取・発話・言語は「各々はまた独立したものとして評価されるべきものです」ということは決してなく、相互の関連性を明示すればよいはずです。それによって人工内耳の効果を素直に誇ればよいのに、なぜ遠慮するようなものいいになるのでしょうか？

思うに、この検討結果からは人工内耳の早期装用が効果的か？　人工内耳装用そのものが効果的か？　それは言語発達に効果があるのか？　という結果は何も示唆されていないからではないでしょうか？

より本質的な問題は、人工内耳による聴取が発話それから言語発達に至るほどの効果があるのかないのか、という問題です。

さらに聴取改善に示されたようにみえるこの検査結果は、小学6年までです。それ以後の推移はどうなるか？引き続き伸びを示すのか、伸びは落ちていくのか？　まったく分からないことです。このような検査は社会参加を果たした成人にまで引き続き追跡していくことで効果が明らかにされるべき問題です。

『9「2‐3　9．語音明瞭度からわかること』

語音明瞭度とは言葉を聴覚で理解できるレベルを表します。音は聴えるが何を言っているか分からないということは語音明瞭度が低い、悪いことを表しています。つまり音は聞こえても言葉が分からないということになります。

聴覚障害児における発音明瞭度、語音明瞭度ならびに聴力レベルの相互関連性を検討した結果、発音明瞭度と語音明瞭度との相関は高いことが見い出されました。これは発話の明瞭さにおける聴覚フィードバックの重要性を表しています。また、語音明瞭度並びに発音明瞭度共、総体的には平均聴力レベルの低下に伴い下降する傾向にありますが、聴力レベルがおよそ90～１１０デシベルの範囲内にある聴覚障害児・者にあっては、聴力レベルとの間には一義的な関係にはないとされています。この語音明瞭度検査が、両耳共に最良で50％以下になった時に〝聴覚障害による身体障害者４級〟に認定されます。なお日本での語音声明瞭度検査は50音についてだけの単音検査で、語や文についての検査はありません。

ポイントには、「良好な装用閾値（40dB未満）は、良好な語音聴取や発話だけでなく、コミュニケーションにも貢献する、したがって人工内耳の装用は、高度・重度の聴覚障害児にも良好な装用閾値をもたらす潜在的な力がある」と指摘しています。

「はじめに」ではかつては語音聴取、ことに子音聴取は裸耳聴力とよく相関し、難聴が高度になるほど子音の聴取が困難になるとされていましたが、近年では人工内耳装用例が大多数を占めてきており、このバランスが崩れつつあることが想像できるとしています。そこで高度の「聴覚障害がある子ども」が現状としてどのような語音聴取の状況にあるかを調べて、語音聴取の状況が音声語や構音にどのような影響を与えるかについて検討するとしています。

「わかったこと」ではこれまで語音明瞭度は聴力レベルに相関すると考えられていましたが、人工内耳の普及に伴い、裸耳聴力でなく装用閾値と相関するとしています。その理由に、日本の小児人工内耳適応基準（両耳平均聴力レベルが90デシベル以上）が挙げられるとしています。90デシベルを境にして裸耳聴力が不良であるにもかかわらず人工内耳装用により、装用閾値が良好となる児の大きく増すので、裸耳聴力と語音明瞭度の関係が見られなくなったということです。

これまで平均聴力レベルが40デシベル以上となると言語発達が遅れるとされていましたが、語音明瞭度60％以上となるのは装用閾値40デシベルが目安になるということが分かったとしています。語音明瞭度60％以上ということが、実際のコミュニケーションにとってどのような影響があるか？　ということは検討されていません。改善はあっても依然として障害は残ります。

ここでも、良好群（最高語音明瞭度60〜１００％）と不良群（0〜59％）の2群に分けて検討しています。そして、良好群の特徴として「人工内耳装用児が多い」「装用閾値が良い」「人工内耳手術月齢が早い」という結果が得られています。また、有意に語音明瞭度が良好となるのは「裸耳聴力90ｄＢ未満」「装用閾値40ｄＢ未満」「人工内耳装用」ということです。

これと関連して人工内耳の手術時期について、「日常会話での聴覚活用と言語発達のためには4歳以前にできるだけ早期の施術が有利」、「3歳前の人工内耳手術を受けた場合、3歳後の手術を受けた場合よりも言語発達がより良い」と他の報告を引用しています。ところが他の報告にある、「日常会話での聴覚活用と言語発達のためには4歳以前にできるだけ早期の施術が有利」、「3歳前の人工内耳施術は3歳後の施術よりも言語発達がより良い」などのことはアラジン検査結果にはみられないのです。

『5「2-3 5．語彙の発達評価の意義」』に見られるように語彙発達を言語発達と混同しない限り、言語発達についてはアラジンのどのような検査結果も示されていないのです。肝心の問題をアラジンでなく、別な早期施術に好都合な報告を採用するだけならアラジンは無意味ではないでしょうか?

今回の検討においても、42カ月未満の人工内耳手術であれば、それ以降の人工内耳手術と比べて4倍以上の確率で語音明瞭度良好となる可能性があることがわかりました、としています。ここでも、良好と判断できるのは語音明瞭度であって、言語発達ではありません。また、語音明瞭度の向上はあっても、聴覚障害のあることに変わりはなく、言語発達に依然として遅れがあることをアラジンの他の検査結果がしめしています。

また、語音明瞭度が良好であることによって発話明瞭度も良好となり、この両者がスムーズなコミュニケーション能力（質問-応答関係検査の高得点）に貢献すると考えられました。もちろん、語音明瞭度検査は単音節の聴取に関する検査であるため、単語や文章など言語として意味を持つ単位での理解や運用にかかわる因子の一つを見ているに過ぎません。

［出典：P183］

ここで言われている問題は、語音明瞭度が単音節聴取の関する検査であり、単語や文章など言語としての理解や運用にどのように繋がるかは分からないということだけではありません。騒音、雑音がないという常態ではあり得ない人工空間での検査です。そのためよい検査結果が出るのは当然としても、それは実用的な言語の理解と運用とはかけ離れているといえるでしょう。このような問題をおいたまま、言語発達の観点から良好な語音明瞭度を目標とすることはよいとしても、60％以上という数値には根拠がありません。60％以上というのは、人工内耳の限界を表しているだけです。

『10 「2-3 10. 聴覚障害児の学習習熟度～標準学力検査（CRT-Ⅱ）の結果から～」』

ここでは、聴覚障害児の学習習熟度を標準学力検査（CRT-Ⅱ）の結果から分析、判断しています。ポイントとして挙げられていることは、学年対応の教科学習をするためには、単元や題材、学年毎に学習習熟度を評価することです。聴覚障害児の教科学習は遅れていますから、具体的にどのような結果が表れるか関心のあるところです。

学年対応の学習をしている聴覚障害児の国語と算数の習熟度は、健聴児と比べて大きく低下する傾向はみられませんが、学年の進行と共に遅れる傾向がみられるとしています。国語と算数でも聴覚障害児の健聴児と比べて大きく低下する傾向はみられませんが、学年の進行と共に遅れる傾向がみられるとしています。下学年の学習をする聴覚障害児が増える傾向がみられるとしています。これは、「学年対応の学習をしている聴覚障害児の国語と算数の習熟度は、健聴児と比べると低く、しかも、学年の進行と共に国語と算数の習熟度は、健聴児と一層引き離される傾向がある」といえるでしょう。

これまで効果を強調していた個々の検査は、ここに至って集約的といえる肝心の国語と算数の習熟度で、健聴児に劣るということに落ち着いてしまいます。

さらに国語と算数の習熟度を回復しないままに、「③得意な学習内容、不得意な学習内容を把握することにより、個別の指導計画に活かされ、一人ひとりに応じた教育的支援をおこなう」とお茶を濁してしまいます。根本的な国語と算数の習熟度をおいて何の学習進歩を図り得るでしょうか？

はじめに

学校教育においては、学習目標や内容が学習指導要領に規定されていること、特別支援学校（聴覚障害）では、幼稚園、小学校、中学校、高等学校に準ずる教育として幼児・児童・生徒の障害の状態および能力・適性等を考慮して、それぞれの目標の達成に努める教育を行うこととされています。要するに普通教育では到達必要な目標があり、特別支援学校では到達に努める目標があるということになります。

教育の機会均等と水準の維持向上のために、平成19年度から全国的な学力調査が小学校6年生の国語および算数、中学校3年生の国語および数学を対象として実施されています。ここでは、学齢聴覚障害児を対象に標準学力検査を実施して、教科学習の習熟度を明らかにすることを目的とします。また、標準学力検査とそれ以外のＡＬＡＤＪＩＮ検査との関連についても検討しています。

［出典：Ｐ184］

聴覚障害教育を受けている小学生年齢の児童数を、表１［Ｐ１８５］に整理し、わが国での聴覚障害教育制度を3つの形態で説明しています。

（1） 特別支援学校（聴覚障害）・聾学校に在籍して学習をおこなう
（2） 小学校の難聴特別支援学級に在籍して学習をおこなう
（3） 小学校の通常の学級に在籍して、通級指導教室で特別な指導を受ける

［出典：P185］

年度（平成）	聴覚障害特別支援学校・聾学校の小学部在籍者数（人）	小学校難聴特別支援学級在籍者数（人）	小学校通常の学級在籍通級指導教室通級者数（人）	小学生年齢で聴覚障害教育の指導を受けている児童総数（人）	1学年あたりの聴覚障害教育を受けている児童数（平均人数）※小数点以下切り捨て
5	2,407	931	1,065	4,403	733
6	2,488	911	1,029	4,428	738
7	2,406	835	1,077	4,318	719
8	2,285	825	1,107	4,217	702
9	2,242	753	1,220	4,215	702
10	2,193	714	1,234	4,141	690
11	2,263	749	1,210	4,222	703
12	2,112	744	1,197	4,053	675
13	2,078	745	1,235	4,058	676
14	2,055	762	1,325	4,142	690
15	2,092	803	1,348	4,243	707
16	2,175	806	1,448	4,429	738
17	2,178	821	1,536	4,535	755
18	2,210	822	1,495	4,527	754
19	2,184	865	1,618	4,667	777
20	2,175	901	1,616	4,692	782
21	2,183	903	1,580	4,666	777

（表1）［P185］

この表によって、小学校在籍の生徒数はほぼ４０００名を越え、１学年あたりの生徒数は７００名を越える程度で推移、その半数がろう学校に在籍していることが分かります。

調べたこと・ＣＲＴ－Ⅱについて

国語の評価観点は、「国語への関心・意欲・態度」「話す・聞く能力」「書く能力」「読む能力」「言語についての知識・理解・技能」があり、このうち「聞く能力」を調べる問題がありますが、聞き取りやコミュニケーションの状態が一人ひとり異なるために、今回の集計からは除外　［出典：Ｐ186］

としています。これは不可解です。「聞く能力」こそ人工内耳がもっとも問題としているところではありませんか？　何があるのでしょうか？

結果

生活年齢に対応した学年の学習をしている児童（学年対応）が多い一方で、習熟が進まず、下の学年の学習をする児童もみられました。学年進行とともに学年対応の学習では難しい児童が徐々に増加　［出典：Ｐ186］

としています。

学年対応版を使用した児童の成績は、グラフでは国語では学年は進んでも連続的に低下する傾向はみられず、算数では、全国平均得点よりも低いが、大きく低下していないが、学年が上がるにつれ徐々に低下する傾向がみられる、と読みとれます。これらは別ないい方をすれば、国語は低位が固定して、算数は常に低位で、しかも学年が進むにつれて低位の傾向が強まる、つまり差が広がっていくということです。

わかったこと

学年対応の学習をしている場合、ＣＲＴ－Ⅱの全国平均得点と比較すると、国語、算数ともに下回る傾向がみられましたが、学年進行とともに連続的に大きく低下する傾向はありませんでした。［出典：Ｐ193］

この表現は、結果の表現と違います。「結果では、国語では低位が固定し、算数では学年が進むにつれて低位の傾向が強まる、つまり差が広がっていく」としているからです。どちらの表現が正しいのでしょうか？

観点別学習状況から、国語の「言語についての知識・理解・技能」の得点は、いずれの学年でも全国平均得点以上でした。しかし、「話す能力」「書く能力」「読む能力」については低下する学年がみられました。［出典：Ｐ193］

としています。「話す能力」「書く能力」「読む能力」は、言語に関わる基幹的な能力ですから、この低下する学年の記述が気になります。

この項目以降は、個々の課題に対応する解決の方法論になっています。これらの方法論は聴覚口話教育と同じであって、対応の仕方を多少とも根拠ありげに、多少とも具体的にいっているだけです。

学習習熟度の遅れは、根本的、全体的なものなので、部分、部分の補修を根本的、全体的な修復に繋げることは困難です。また、学習習熟度の遅れはアラジンで実施してきた部分、部分の結果が総体として表れてきたことを示しています。

学習習熟度は言語を未だ獲得していない聴覚障害児の問題です。聴覚障害児の「聴音（あるいは聴取）・発音」を部分的に指導、調整することだけでは言語獲得から学習習熟度の向上に繋げないことを表しています。

既に言語を獲得した難聴・中途失聴者の「聴音（あるいは聴取）・発音」を正常化する問題とは違うからです。対象を見極められなかったこの方法論の混同こそ音声＝言語とする聴覚口話教育の限界を物語っています。

『11「2-3 11. 聴覚障害児の言語発達に関わる因子には地域差があるか」』

ポイント

① 言語発達とそれに関わる因子には、地域による差があると考えられます。

② 聴覚障害児に対する医療・教育・福祉を全国一律に提供できるような施策が必要です。

はじめに

聴覚障害児の言語発達には多くの因子が関わると考えられていますが、その言語能力を高めるためには、医療・教育・福祉政策よる多面的な支援が不可欠

［出典：P196］

としています。医療についてはその偏在、また言語指導手法は標準化されていないことを、言語能力の地域ごとのばらつきの原因と指摘しています。言語能力を医療・教育に求めるとしても、福祉政策はこの「感覚器障害戦略研究」に関係ないでしょう。もし、福祉政策についていうならそれこそ「社会モデル」として重点的に検討してほしいことですが、ここでは福祉政策について、具体的に何も触れていません。

わかったこと

言語発達検査結果や言語発達に関連する因子について、地域ごとの比較をおこなうことはこれまで非常に困難でした。その大きな理由として、共通のツールにより地域を越えたデータを同時期に得ることが難しかったことが挙げられます。しかし感覚器障害戦略研究が全国規模で実施されたことにより、初めてそれが可能となりました。地域差を把握することにより、医療・福祉サービスの全国均てん化を図るための非常に重要な情報が得られたと考えます。

［出典：Ｐ201］

ここで調べたのは人工内耳に関わる調査とそれと無関係の手話使用の調査（表4）と小学校教育の総合満足度調査（表5）だけです。それで「医療・福祉サービスの全国均てん化を図るために非常に重要な情報が得られた」というのはまことに烏滸《おこ》がましいことです。また、言語発達検査結果などはなく、あるのは言語発達に関わる因子の検査結果だけです。

さらに、欄外に小さな字で書いてある「検討対象・除外規定・限界」を見ると、「探索的な解析であること、サンプル数が限られていること、多重比較の問題などから、解析は主に記述的におこないました」とあります。

これは「わかったこと」として記述されている「言語発達検査結果や言語発達に関連する因子について、地域ごとの比較をおこなうことはこれまで困難でした。（中略）感覚器障害戦略研究が全国規模で実施されたことにより、初めてそれが可能となりました。地域差を把握することにより、医療・福祉サービスの全国均てん化を図るために非常に重要な情報が得られた」との大言壮語と矛盾しています。

「全国均てん化」の意味を広辞苑で調べると「均霑」という漢字があてられ、意味として「各人が平等に利益を得ること」とありました。しかし、ここには「全国均てん化」を図るための重要な情報などはありません。

地域	良聴耳の裸耳聴力（dB）			装用閾値（dB）			人工内耳の使用				手話の使用			
							あり		なし		あり		なし	
	人数	平均	標準偏差	人数	平均	標準偏差	人数	%	人数	%	人数	%	人数	%
A	12	96.5	15.1	12	35.0	5.5	7	58	5	42	3	25	9	75
B	21	93.3	9.9	21	44.8	10.3	7	33	14	67	10	48	11	52
C	11	97.1	15.1	10	46.0	14.8	2	18	9	82	11	100	0	0
D	26	95.4	12.0	25	52.1	10.5	0	0	27	100	20	74	7	26
E	12	104.7	12.5	12	50.8	20.7	5	39	8	62	7	54	6	46
F	12	103.1	15.7	12	38.1	8.9	8	53	7	47	7	47	8	53
G	22	96.8	11.1	22	42.4	8.6	4	17	20	83	13	54	11	46
H	14	100.6	16.4	14	37.6	7.5	7	47	8	53	6	40	9	60
I	9	103.1	12.7	16	32.4	10.4	16	80	4	20	1	5	19	95
J	25	103.7	15.6	25	37.3	9.1	19	66	10	35	13	45	16	55
K	11	100.3	15.5	11	44.1	10.6	4	36	7	64	7	64	4	36
L	32	99.4	12.1	32	37.2	6.9	32	84	6	16	5	13	33	87
M	22	99.3	8.8	23	42.5	11.7	6	26	17	74	19	83	4	17
N	24	101.5	13.3	24	38.1	12.3	15	54	13	46	15	54	13	46
O	13	110.6	11.8	13	26.8	6.6	16	100	0	0	1	6	15	94
計	266	99.9	13.3	272	40.5	11.9	148	49	155	51	138	46	165	55

（表4）［P200］

地域	小学校・小学部への総合的満足度			
	かなり～まあ満足		あまり～ぜんぜん満足していない	
	人数	%	人数	%
A	4	67	2	33
B	9	69	4	31
C	7	88	1	13
D	7	64	4	36
E	7	78	2	22
F	7	78	2	22
G	17	90	2	11
H	7	70	3	30
I	12	92	1	8
J	22	92	2	8
K	6	75	2	25
L	23	89	3	12
M	10	77	3	23
N	19	86	3	14
O	7	64	4	36
計	164	81.2	38	18.8

（表5）［P200］

『12「2-3 12. 読み書き障害スクリーニングの重要性」』

ポイント

① 文字・単語レベルでの読み書きの障害（読字障害はディスレクシア、書字障害はディスグラフィアと区別される）は、就学後の聴覚障害児の語彙や統語・コミュニケーション・学習面の発達に著しい影響を与える可能性があります。

② 人工内耳の有無や手話使用の有無、装用閾値等に関係なく、聴覚障害児の中には読み書きに問題を抱えている児が存在する可能性があります。

③ 低学年のうちに読み書き障害のスクリーニングをおこない、問題がある児に対しては早期の介入につ

なげることが必要です。

はじめに

聴覚障害児には読み書き能力は非常に重要です。逆に言えば、読み書き障害を合併している聴覚障害児は、日本語言語発達に大きな課題を抱えることが推測される

［出典：P202］

としています。

これは、聴覚障害児における読み書き能力の遅れが、聴覚障害に起因するのか？それとも読字障害あるいは書字障害によるのか？を判定しようとしています。

調べたこと

知的発達障害および広汎性発達障害の合併が疑われる児を除外した年長～小学校6年生までの聴覚障害児（裸耳平均聴力）70ｄＢを対象

［出典：P202］

として、音読および書取の各課題について検査、「不良群」と「良好群」に分類、両者の語彙・統語・コミュニケーション・学習それぞれの発達差について検討したとしています。その結果、聴覚障害児においても読み書き障害の合併が少なからずあることが示唆されたとしています。

わかったこと

読み書き障害は言語により出現頻度が異なると言われており、（中略）日本では音読で0.2〜6.7％、書字では1.2〜8％とも言われています。しかし聴覚障害児における同様の報告はこれまで皆無であり、今回の検討によりスクリーニング陽性率がおよそ30％であったことは大きな意味を持ちます。［出典：P204］

この説明はよく理解できません。音読（障害）で0.2％〜6.7％、書字（障害）では1.2％〜8％という数字と聴覚障害児のスクリーニング陽性率30％は比較できる数字でしょうか？　比較できるのか、できないのか、不可解な数字の羅列ですが、一応比較してみると聴覚障害児の書字障害は健聴児の25倍から4倍という数字がでます。聴覚障害児においても、読み書き障害の合併はあり得ることです。しかしその出現率（与えられた数字の理解によっては）は余りに多すぎます。これは「聴覚障害児においては相対的に文字への依存度が高い」とする立場からは大問題です。そのため、この点の問題を明らかにして因果関係を追求すべきなのにそれはありません。ことさら避けたのでしょうか？

「大部分の言語発達検査および学習の習得度において低得点でした。因果関係を断定することはできませんが、読み書きの問題が言語発達や学習に影響を与えていると考えるのが妥当」とお茶を濁す問題ではないと思います。

そもそも人工内耳などの装着に伴う「聴音・発音」訓練の過度の傾斜が原因でこのような結果を招いたという因果関係は大いにあり得ることです。

そういう根本的な判断をおいて「読み書きに問題を抱える児に対する指導にはさまざまな工夫が必要となる」としても、そのような工夫のあり方について具体的に示唆することは何もできないでしょう。

おそらく、ここにアラジンの終着点があると思います。

『13 「コラム2．なぜいま『難聴の遺伝子診断』なのでしょうか？」』［出典：P208］

なぜここに「感覚器障害戦略研究」と直接関係がないコラム2．「難聴の遺伝子診断」が出てくるのか全く理解できません。

このコラムの名を借りた「偽りの結論のようなもの」を持ち込むことは、少なくとも言語や教育について研究するという「感覚器障害戦略研究」に場違いではないでしょうか？

このような形で安易な遺伝子診断の持ち込みは、生命倫理の観点から軽率のそしりを免れません。それはろう者を否定し、その人権を否定し、その差別に直結するからです。

「オーダーメイドによる難聴医療、療育を目指して」を読むと典型的な「医療モデル」の傾向、暗に乳幼児に対する人工内耳（ｃｉ）の早期施術を促す傾向が顕著であり、底の浅い算術医学がすけて見えます。

第5部

「第3章データ一覧」及び「第4章ALADJINから言語指導（介入）へ」について

『第3章「データ一覧」』

アラジンの各検査結果の一覧とされています。しかしここに示されるデータは何を意味するのか理解できません。このデータの意味することの説明をお願いしたいところです。

『第4章「ALADJINから言語指導（介入）へ」』

『1「4-1．はじめに」』

ポイント

聴覚障害児に対する言語指導のためには、日本語発達の状態をドメインごとに評価、それに基づいて日常生活場面や学習場面における困難さ（主訴）と照らし合わせた介入指導プログラムを作成するとしています。

そして実際に行った「語彙」「構文」「談話」指導の一例を紹介するとしています。

「実際の言語発達の背景にはさまざまな認知能力の問題が関与している可能性があり、それらを個別に評価したうえで指導プログラムを立案する必要、」としていますが、さまざまな認知能力が関与しているとしても、アラジンによってさまざまな認知能力の因果関係が分かったわけではないので、指導プログラム立案のしようがないと思います。

語彙指導

「新しい語彙を自ら獲得するために必要な方略を身につけることを目的」とし、語彙の発達段階に応じて3点ほどの方法を列記していますが、しかし、これは健聴児に対する指導の方法と同じか？　それとも聴覚障害児に特化した指導方法なのか？　よく分からないのです。恐らく後者だと思いますが、聴覚口話教育の指導をなぞっただけのように思われます。

健聴児に対する学習指導は、既に獲得した言語能力を前提として次に進みます。しかし、この聴覚障害児に対する介入はなぜ言語獲得が遅れるのでしょうか？　その原因を不問にしたまま、言語獲得というより個々の言語部分・ドメインの改善に介入するだけなので、新しい言語能力の獲得には至ることは恐らくないでしょう。

構文指導

「文の構造や単語の並び順を理解して使用できるようになることを目的」とし、自然な構文獲得の順序性に即した指導を勧める、としています。

① 基本の指導例

後段に注記のような形で小さく「(テストの)＊音声提示は一例であり、児の状況に応じて手話・指文字・文字などを用いて指導をおこなってください」という記入があります。

このアラジンの立場は、音声言語唯一論です。この立場に依拠しようとすれば、「手話・指文字・文字などを用いる」ことは、ルール違反ではないでしょうか？　文字（表音文字）は別として手話・指文字を用いることは肝心の介入効果を打ち消すことになるはずです。便宜的にあれこれの立場に身を移すことはダブルスタンダードであり、無節操であるとともに介入の非力を物語っています。

② 構文別の指導例

「構文のルールを理解してもらう」とありますがルールを理解する前に、ルール獲得に介入する必要があるのではないでしょうか？　健聴児はどのようにして構文のルールを獲得するかといえば、それは日常のコミュニケーションによって自然に獲得します。では聴覚障害児はどのようにすれば日常のコミュニケーションによって自然に獲得できるのでしょうか？

ここでも、因果関係が逆転しています。ルール獲得が先であり、その後でルールを理解するのです。ルール理解を先行させるというのは、構文のルールが如何に複雑であるかを理解しない考え方です。これも聴覚口話教育の指導をなぞっただけで、同じ誤りを繰り返すことになるだけです。

談話指導

ここにある談話とは、コミュニケーションのことです。したがって談話指導とはコミュニケーション指導の意味になります。

この指導の前に確認が必要なのは、語音（単音節）明瞭度、発話（文）明瞭度、聴取能力、語音弁別能です。これら音声に関わる項目のよしあしによっては、コミュニケーションそのものが成り立たない場合があるからです。このような時に「手話・指文字・文字などを用いる」のでしょうか？　さすがに談話指導には、この記述はありませんが、思わず手話・指文字・文字などを用いたくなる指導ケースは案外多いことと推測されます。

さらにこの対象児の談話相手は教師一人、場合によっては1対1の子ども同士になっていることに留意が必要です。これでは非常に幅の狭い窮屈なコミュニケーションになります。健聴児が自然と多様な人々、多人数との幅広いコミュニケーションを通して言語獲得を進めていくのに、こんな幅の狭い窮屈なコミュニケーションを続けていけばますます引き離されるだけです。人工内耳の欠点は語音明瞭度（語音弁別能）の改善につながらないことが知られています。だから、多人数でのコミュニケーションはできない、あるいは困難なのです。したがって、幅の狭い窮屈なコミュニケーションにおける評価あるいは介入効果の評価点は高くとも、介入者の自己満足に過ぎず、実用にはほど遠く、ただの畳水練です。

ただし、この自覚はあるようなので、そのため「Ｔｉｐｓ！　汎化を促すため」として「役割交代」を例として挙げていますが、範囲の狭さは覆うべくもなく、「作文や日記」、「写真」にしても談話とは異質で、このように目先を変える方法だけでは根本的な解決につながりません。あの手この手のはぐらかしは、言語に対する無理解を物語っています。

『２「４-２．症例１―語彙指導をおこなったケース―」』

ポイント

小学校中学年以上の児に対して語彙を学ぶ手段を身に付けさせるとして、「知らないことば」を判断できる力、漢字や文脈から意味を想起する力、自分で調べたり人に尋ねる手段を身に付ける、としています。

症例として挙げているのは、きこえの教室在籍、両側補聴器装用、コミュニケーション手段に音声を使っており、国語や本を読んでいて、意味が分からないことが多いという10歳２ヵ月の女児です。

介入前（10歳２ヵ月時）は、社会性良好で聞き取りも比較的に良いのですが、語彙発達の遅れが学習面に影響を及ぼしていると考えられていたそうです。アラジンの結果では、語彙に関する検査結果がふるわず、語彙年齢８歳３ヵ月ということでした。

そして介入終了から半年後（11歳５ヵ月時）の評価では、多くの検査項目でさらに改善し年齢相応のスコアとなり、学校での学習もスムースに進むようになったとしています。日常生活では、本や教科書を読む際に自分が知っている言葉か否かを意識して読むようになり、知らない言葉に遭遇すると、すぐに人に尋ねたり電子辞書で調べるようになった。たとえば「豊富」という未知語に出会った際には、『豊か』と『富』だから、いっぱいあることかな？」といったように、漢字から意味を推測することができるようになった、としています。

この介入結果は驚異的です。この結果は指導方法がよかったとも、本人の努力が報いられたともいえます。しかし、もともと補聴器装用で「社会性良好で聞き取りも比較的良い」ということですから、周囲とのコミュニケーション関係がしっかりしていて言語獲得が良好だったのでしょう。このような場合、方法を教える部分的な指導で部分的な改善は期待でき、言語全体をよいものにできるでしょう。ところで、人工内耳はどのように関係するのでしょうか？

『3「4-2.症例2 ―構文指導をおこなったケース―」』

症例

コミュニケーション手段は補聴器装用の音声ですが、語尾の変化がおかしく、音をよく間違えて話す普通学級在籍の8歳3ヵ月の男児です。介入前（8歳3ヵ月時）は、動詞のあいまいな語尾変化や、音韻表出の配列の誤り（例：たぬき→たきぬ）がよく見られましたが、音読では誤ることはなかったそうです。文章で話すことが苦手で、言いたいことを相手に伝えにくい様子でした。アラジン検査では、語彙発達はまずまずだが、統語では受身文の理解・産生に遅れがあり、談話では説明が苦手のようでした。

介入後は構文の理解・産生のいずれも改善が見られ、特に受身文については、理解・産生とも可能となりました。また、自由会話の中でも受身文の語尾変化を正しく変化させて話ができるようになり、保護者も「語尾の変化ができるようになった」「話があちこち飛ばなくなってきた」と評価しています。

この結果も驚異的ですが、疑問もあります。「語尾の変化がおかしい、音を良く間違えて話す」ということは、聞き取り（聴取）が不十分ということです。それにコミュニケーション手段を音声に絞っているので、加齢と共にコミュニケーションが困難になると予想されます。

ここでいう「受身文については、理解・産生とも可能となりました。また、自由会話の中でも受身文の語尾変化を正しく変化させて話しができるようになりました」とは、試験課題のような一定のパターンに対応できるようになったことだけかも知れません。「受身文の語尾変化を正しく変化させて話しができる」ということは、文法指導の狭い範囲での産生は可能ですが、みずからの必要な文に活用することは困難と思います。それが文法指導の限界です。しかしここでも、人工内耳はどのように関係するのか分かりません。補聴器装用でコミュニケーションが可能な軽度難聴児ではないでしょうか？

〖4「4-3．症例3 ―複数ドメインの指導を組合せたケース―」〗

症例は、人工内耳装用（右）＋補聴器装用（左）の6歳8ヵ月の女児で特別支援学級に在籍しています。コミュニケーション手段は手話＋音声ですが、言語力のベースアップをはかりたいとしています。

経過は、新生児スクリーニングにて難聴が発見され、生後6ヵ月時より、両耳補聴器装用、後4歳3ヵ月時に右人工内耳施術、60デシベルです。学童日常生活文0％、幼児用文検査75％、幼児用単語検査１００％、単音節聴取52％ということです。

介入前（8歳3ヵ月時）のコミュニケーションモードは幼児期から手話だが、人工内耳術後からトータルコミュニケーションへ切り替えた、母親との会話は口話と指文字の併用でほとんど声を出さないとしています。学校や他者との会話で必要とされる場面では音声を使用しますが、単語を並べるのみで助詞の欠落があり、動詞・形容詞などの表現は、擬態語・擬音語を併用した動作を多く表出、としています。

例文は「ママは　スー（エレベーターの手話）（乗るの手話）　私はダーッ　階段（走るの手話）　つかれる」とオノマトペと手話で話します。これを音声語に訳すると「お母さんは、エレベーターに乗ったけれど、私は階段を走って上がってきたので、とても疲れました」ということになります。

本をよく読み、好奇心旺盛で活発な性格です。

アラジン検査の結果は、コミュニケーション・語彙・構文のいずれも遅れが目立ち、複数のドメインに渡る指導が必要と考えられました。そこで複数のドメインに渡る指導を行いました。

「本をよく読み、好奇心旺盛で活発な性格」は好ましい性格といえます。

ところで、コミュニケーションがいろいろ変化していますが、この変化の経過や内容はよく理解できません。お母さんの手話レベルはかなり高いと想定できるので、手話がメインでなかったかと思います。トータルコミュニケーションの条件によっては、手話がよくできるということがあるからです。

しかし、手話から日本語獲得が思わしくないなど複数の課題があったのでしょう。これらの課題はコミュニケーションに関するので、コミュニケーションを子どもの望む方向で活発にして、日本語獲得の指導がよければ改善は期待できます。ところで、これらの課題達成は、音声だけで行ったのでしょうか？　それとも手話を混ぜてチャンポンで行ったのでしょうか？　これが、最大の謎です。

「介入後のＡＬＡＤＪＩＮ検査結果を表１に示します。ＳＴＡ理解を除くすべての項目で、改善が見られました」とあります。

この結果は、不可解です。なぜなら「本をよく読み、好奇心旺盛」という前提と矛盾するからです。「本をよく読み」

ということは構文理解ができるからだと思います。そもそも構文理解が悪くては、意欲もわかないので本をよく読むということはできないはずです。

それに構文理解が進まないのに、他の検査項目の成績がよくなったというのはなぜでしょうか？　よく理解できません。

読書を進める指導などは、聴覚口話教育はあまり考慮しないようですが、読書を進める指導を積極的に行うことは大切です。それがなくては、大切な構文理解が遅れ、言語獲得はストップあるいは遅れることが懸念されます。

3つの症例とそれに伴う介入例が示されていますが、これらの例はいずれも成功と考えられる例ばかりです。実際の成功、不成功は社会参加の段階で判明するので、この段階での成功、不成功を論ずる、あるいは成果を誇示することは早計です。

しかし、成功があれば不成功も当然予想されるので、この時点の段階でも比較が必要です。不思議なことに、不成功の例示がありません。だから、これら3つの例示だけでは、全体の結果について何の結論もあり得ないのです。

むしろ、不成功の例を積極的に論ずることで問題点が明らかになる場合も、改善の方法が見つかる場合も多いので、将来を展望するならこのような観点での分析は不可欠ですが、この報告をみる限りそれはありません。

ちなみに介入と指導はまるで違った概念です。介入とは正常な進行、少なくとも正常と考えられる進行を妨害する行為ですが、指導とは正常な進行、少なくとも正常と考えられる進行を、当事者自ら推進できるように助勢する行為です。でも、指導でなく、介入という言葉を使ったことに「医療モデル」の本質がよく現れています。ここで、指導といわず介入というのもむべなるかなです。

第6部

「『聴覚障害児の日本語言語発達のために』の謎?」まとめ

第1章　全体の考察

第1節　その目的

「感覚器障害戦略研究」の目的は2つに分かれます。（再掲）

（i）「新生児聴覚スクリーニング実施の有効性を明らかにするために、『網羅的な新生児聴覚スクリーニングの実施（介入群）』、『通常のハイリスク群に対する聴覚検査の実施（対照群）』におけるクラスターランダム化による比較試験を行う」

（ii）「新生児聴覚スクリーニング実施地域における『かかりつけ小児科医からの迅速な専門機関の紹介と、人工内耳手術後のリハビリテーションプログラムの導入（介入群）』、『人工内耳手術後の通常のリハビリテーションの実施（対照群）』によるクラスターランダム化による比較試験を行う」

「この場合、専門機関における人工内耳手術に引き続いて、効果的なリハビリテーションプログラムの開発目標として、（i）より長期間にわたり、（ii）患児家庭（両親など）への啓発、すなわち家族カウンセリング、母子コミュニケーションを含む療育を実施する」
［出典：P13］

これらの（i）（ii）の2つの目標は結局、同一目的の追究に収斂されます。

つまり、（介入群）の（対照群）に対する優越性を証明した上で、人工内耳手術後のリハビリテーションプログラム、教育目標達成のためのプログラムを開発するということです。

そのプログラムの一環としてアラジンが考案されました。それは聴覚障害児に特化した日本語言語発達検査パッケージ（テストバッテリー）とされ、「耳鼻咽喉科・頭頸部外科」一部医師、ろう教育に関わる大学教授、きこえの教室など言語聴覚士、施設職員などの労作とされています。

ろう学校の先生たちは児童、生徒たちの音声日本語獲得の遅れ、「て、に、を、は、などの格助詞がうまく使えない」、「動詞の活用が下手」といった「ろう文」を大きな問題にしています。そのような誤りを訂正するための方法として文法指導を重視しています。

アラジンは、文法にとどめず、認知、音韻から始めて語彙、統語（文法含む）、談話、語用、と彼らの考えられる限りで網羅的に市販の言語発達、学習能力に関わるテストツールを利用します。その寄せ集め、パックがアラジンです。アラジンを用いた検査結果により、それぞれの言語ドメインの欠陥を洗い出し、言語におけるドメイン個々の部分の指導を行うというものです。

アラジンは分かりやすく言えば、聴覚障害児に特化したという日本語の発達レベルをはかる総合的（寄せ集めの？）検査方法といえます。

しかし、問題はこのドメインごとの言語発達の遅れは、決して言語の遅れを、言語獲得の遅れという基本的課題を表していないということです。それは、アラジンの開発者たちが言語をよく理解していないことに起因します。

第2節　言語定義

言語発達をテーマとするには、そもそも言語とは何か、という言語を定義することを先行しなければなりません。しかし、言語という人類文化の根幹に関わる問題、複雑難解な問題の定義は決して容易ではありません。このことは、かつて言語の定義に成功した事例はなく、人はいないという事実によく表れています。

今でも言語の定義は２５００年ほど前の哲学者ソクラテスのいう定義「言語とは音声である」を墨守する立場、あるいはそれに依拠する立場から一歩も離れないのです。しかし、特定の目的を持つ場合、その目的の範囲で言語定義は可能であり、この定義を前提としてはじめて次の問題に進めることはできます。

実際、このアラジンの担当者あるいはグループが意識するとしないにかかわらず、ここでの言語定義は、言語を音声と同視する音声言語唯一論とも言語一元論ともいえる言語＝音声言語＝音声とする（モデル１）です。

これは手話を言語と認める「障害者権利条約」及び「障害者基本法」に違反します。手話を言語と認めるこの新しい言語論は、法律規定にとどまらず、科学的に正しい規定です。少なくとも、この規定に対する言語学会あたりからの反論はありません。もっとも、言語学会の見識には大いに疑わしいと思われる部分は多々あるとしても、反論していないことは正解です。

この新しい「言語（音声語、手話）二元論」の言語定義は、具体的には（モデル２）として表現できます。

第3節　ALADJIN（アラジン）の誤り

アラジンは、言語の発達レベルを判断するためのテストパッケージとされています。しかし、アラジンは言語を言語一元論の立場で、言語をドメインごとに分断します。ところが、言語一元論の欠点は言語中枢いわば言語の核心は何かという肝心の課題が抜けているのです。具体的には、脳つまり認知機能の役割を評価できないという致命的な欠点があります。さらにアラジンは到達度を測る検査なので聴覚障害は健聴児よりどのくらい遅れるかは分かっても、その遅れる原因を特定できないという欠点があります。

アラジンを使った検査は、欠陥があると思われる言語ドメインを特定し、この部分にピンポイントでミサイルを撃ち込もうとしています。しかし言語を構成するドメインは、アラジンの想像を越えて多数あるのでポイントごとの攻略では全体を攻略できないという問題があります。

またアラジンは本丸ともいうべき指揮系統の中枢、言語中枢、認知機能を特定できないので出先攻撃、出丸攻略にとどまり、特定ドメインの改善だけで頓挫するという致命的な弱点を抱えています。その特定ドメインにしても改善は大いに疑わしいのです。

「言語二元論」によれば、言語中枢というべきは、「イメージ」です。これは「聴覚障害がある子ども」に対して表現手段の一部である音声部分をいくらいじっても、言語発達に繋がらない、という考え方に繋がります。逆に「イメージ」の改善が可能なら、表現手段は音声、身振り、文字を問わず、言語そのものは改善されると考えることができるのです。

「言語二元論」の考え方の正当性は拙著『手話教育　今こそ！』で展開していますので、手前味噌になりますがご一読をお願いします。

第4節　得るものと失うもの

アラジンは、調査、評価、介入を通じて得られるそのメリットを強調していますが、それによって失われるデメリットに無関心です。

言語は豊かな全人的発達に欠かすことのできない重要因子ですが、それでも全人的発達から見れば一部です。このような観点を失うことは、また言語の果たす役割をよく理解していないことを表しています。

アラジンの用語で介入とされる行為は、患児と向き合った介入者の1対1の行為です。この行為は患児を特定の人間に縛り付け、回りとの関係を見失わせる役割を果たします。この時間は、患児から広い外界とのコミュニケーションの機会を奪ってしまいます。

ただでさえコミュニケーション機会の少ない子どもたちからその機会を奪うことは、言語発達の機会を奪うことになり、温室でしか生きられない条件を作ることに繋がります。さらに不本意な人工内耳と「聴音・発音」訓練を強制されては、子どもたちは学習に対する意欲をなくしてしまいます。重要なのは、子どもたちの自発的な学習意欲です。このように失われるこの重要な因子にアラジンが関心を示すことはありません。

最近、携帯メールの普及によってろう者も積極的にメール文をやり取りするようになりました。型にはまったいくつかの単純な文（単文でない）における動詞活用や格助詞の運用も正しく（！）できるようになっています。これは自発的な構文習得ともいえ、単純ないくつかの例を記憶して、繰り返し活用できるようになったことを表しています。しかし、より複雑な事態に対応する、説明できる創意ある構文は困難という実情にあまり変化はありません。

アラジンの例示する構文介入は、単純な文、単純なドメインに対する介入に過ぎず、変化する事態に対応して、自由自在に創意工夫ある構文できるレベルとはまるで違うものです。

「ママは　スー（エレベーターの手話）（乗るの手話）私は　ダーッ　階段（走るの手話）つかれる」（お母さんは、エレベーターに乗ったけれど、私は階段を走って上がってきたので、とても疲れました」という例を挙げ、この文は「単語を並べるだけで助詞が欠落、動詞・形容詞などの表現は、擬態語・擬音語を併用した動作を多く表出」として文法的な弱点を非難していますが、筆者は大変面白い話し方だと思いました。重箱の隅を突くように文法的な弱点をあげつらうより、このような生き生きした手話文を書記文としてどのように発展させるか、を考えることが大局的判断といえるでしょう。

第2章　今後の調査・研究のために

第1節　聴覚口話教育と人工内耳の関係

ろう教育における誤りは口話教育に始まっています。口話教育は音声を言語と認識することが基本にあり、言語一元論の立場です。

この考え方に立てば、音声を運用することが第一義的に重要なので、まず「聴音（聴取）・発音」を指導することから始まります。音の聴けない「聴覚障害がある子ども」に、口形、息の吐き出し、喉頭に変化を付けるなどの訓練によって正常な発音を指導しようとします。これは常識に反することです。人は音を聴き、それを真似ることで発音を獲得しますが、耳が聞こえないまま、物理的、機械的な方法で正常な発音を獲得しようとするのは土台無理な相談です。しかも、相手の口形を見て音韻の判断をさせようなどと奇術的な手法を選ぶことになります。教師自身もできないことを強制する口話教育は、現在では破綻が明らかになりました。

そこにある程度、聴音を可能とする補聴器が登場し、聴音によって発音、発話を可能とする道を開き、「聴覚障害がある子ども」でもある程度正常に近い聴音、発音、発話の獲得ができるようになりました。しかし、補聴器は伝音障害に有効であっても、感音障害には効果がありません。また、聴音、発話にある程度の効果があったとしても、障害が重いとそれだけでは言語の発達に結び付かず、実用的なコミュニケーションもできないことが分かりました。それは改善できる聴覚障害のレベルに問題があり、補聴器である程度改善できても、聴覚障害児には変わりはないのです。つまり健聴児と同じレベルまで改善することは困難であることが分かりました。そこには音あるいは音声と言語の違いにあったのです。音あるいは音声は聞こえたとしても、音声語が分かるためにはなお、高い壁があることが分かりました。

その結果、聴覚口話教育は音あるいは音声が問題でなく、言語が問題であることを理解したのです。しかし、言語とは何か、それは音声である、という理解を今も越えられないままでいます。それに続く今はまた、言語を音声の問題にしてしまいました。これでは堂々巡りです。

第2節　聞き分けの謎

補聴器による改善は伝音障害止まりです。そこで、感音障害の改善に登場したのが人工内耳です。それでも、人工内耳による改善は40あるいは45デシベル止まりです。40デシベルでは、依然として「聴覚障害がある子ども」の域を越えることはできません。

補聴器、人工内耳ともに聴覚障害の改善に限界があり、その共通した限界、突破できない限界は何かといえば、必要とする音の聞き分けができないこと、語音弁別能が低いことです。他方自然の耳、聴覚器官は必要とする音を聞き分けられるので、雑音があっても自然なコミュニケーションが可能です。機器に越えられない限界があるのに、なぜ人間の器官にできるのか？　それは大きな謎です。

この謎は、自然の世界は雑音が満ちあふれ、純音の世界、単一音の世界などどこにもなく、あるのは音に満ちあふれた雑音の世界しかないことを理解すれば解けます。健聴者は生まれた時からこの自然の雑音世界に育まれ、その生育途上で聞き分け能力を後天的に獲得していくからです。無意識な聞き分け能力の発達であればこそ、健聴者はこの事実に気が付かないのだろうと思います。

ただ、この事実は今の段階で科学的に証明することは難しいのですが、「聴覚障害がある子ども」が、純音の世界、単一音の世界での教育によっては決して言語を獲得できないことこそ、この事実の証明ではないでしょうか？

純音の世界、単一音の世界は、聴覚を検査し、訓練する検査室の世界です。それは「聴覚障害がある子ども」のコミュニケーション対象を教師、あるいは教師がキーパーソンと指定する母などに限定し、時間も限定した閉ざされた空間、仮想世界です。現実に存在しない仮想世界の、しかも教育とはいえない「聴音・発音」訓練は、現実の世界には決して通用しないのです。現実の世界と検査室は区別しなければなりません。しかし、検査室のような閉ざされた空間でしか「聴音・発音」訓練ができないのも事実ではないでしょうか？

子どもは生まれた時から、人間のいる自然の世界で暮らさない限り、人間社会に復帰することは不可能です。それは「アヴェロンの野生児」が物語っています。「アヴェロンの野生児」の世界に雑音はありましたが、言語はありませんでした。仮想世界の「聴覚障害がある子ども」には、言語はありますが雑音はありません。その結果は似たようなものといえます。

より正確にいえば、世界は雑音に満ちているだけでなく、雑多な映像などにも満ちています。このような雑音、雑多な映像などの中から的確に言語の成分を引き出し、それを言語として構成できるためには能力が必要ということです。その能力は寝ても起きても24時間継続する自然の世界においてこそ獲得できるのです。

自然の世界とかかわって、言語はどのように構成されているか？　この探求によって言語の真実に到達することこそ、「聴覚障害がある子ども」の言語獲得のために必要な基本的条件といえるでしょう。

第3節　ろう運動発展の反動

一方でろう運動の発展は、ろう者、手話に対する国民的理解を進め、また手話通訳制度の成立、自動車運転免許の取得など「完全参加と平等」に道を開きました。このことはろう教育にも大きく影響し、文部科学省も手話に対する理解を示すようになりました。一部のろう学校高学年では手話を認め、その教育活用に道を開きました。

そこに登場したのが、人工内耳です。人工内耳は本来、成人聴覚障害者に効果があると期待され、事実補聴器では改善できない感音性聴覚障害者の聴力を改善できました。

しかし、人工内耳にはいくつかの問題があります。その一つは頭部を切開する手術に対する恐怖です。そして、その恐怖に見合った聴力レベルに改善できるか、つまり恐怖対効果の選択になりますが、やがて恐怖に見合うほどの効果がないことが分かりました。語音弁別能があまり改善されないのです。

もともと単一の音声だけが存在するような世界はありません。世界は常にさまざまな音、音声に満ちあふれています。この世界の音、音声の弁別には人工内耳はそれほど有効でないと分かり、人工内耳に対する期待は急速にしぼんでいきます。それは成人に対する施術率をみれば分かります。それでも、成人はインフォームドコンセントによる自己決定、自己責任で施術を受けますから、それに対してとやかくいうことはありません。

しかし、それでは人工内耳メーカーにしても、一部医師にしても利益が少なくなるので目を成人から「聴覚障害がある子ども」、当事者よりも保護者に向けるようになります。ターゲットは成人聴覚障害者から「聴覚障害がある子ども」に移りました。正確には「聴覚障害がある子ども」よりもその保護者、父母です。保護者には子どもに対する深い愛情はあるとはいえ、聴覚障害、手話、ろう者に対する知識、理解があるとは限りません。

その弱点に乗じて乳幼児にいち早く接触できる医師の地位を利用して、聴覚障害に対する恐怖を煽り、ろう者を、手話を知らせず、聴覚における人工内耳の効果を一方的に宣伝するようになりました。

これに飛びついたのがろう学校幼稚部の一部教師です。聴覚口話教育の行き詰まりを人工内耳に求め、一部医師の支援を求めるようになります。

聴覚口話教育の誤りが音声言語一元論にあることは、ろう学校の卒業生が例外なくろう者となり、手話を言語とすることを見れば分かります。

ろう者はその仲間、友、そして手話によって人間としての権利、誇りを取り戻したのであって、音声によってではありません。しかし、学校幼稚部の一部教師はこの事実を知ろうとせず、無視することでその誤りを反省せず、不用意に医師の支援に依存しました。

しかし、その効果は思うようには表れません。一方でその表われない効果に業を煮やした一部医師などは、次第にろう教育の分野に対する干渉を強めます。

第1陣は人工内耳施術の効果、「聴音・発音」の効果を宣伝するに留まります。「聴覚障害がある子ども」も人工内耳施術とリハビリテーションによって健聴児のようになれる、と宣伝します。しかし、それでも言語獲得の問題が解決しないこと、「聴音・発音」改善と言語獲得は別問題であることに気付きます。

そこで第2陣として聴覚口話教育が悩む言語獲得をも視野に入れて取り組もうとしたのが今回の「感覚器障害・戦略研究」の発端です。その点での進歩は認められます。

これまで聴覚口話教育は、経験的、感覚的に「聴覚障害がある子ども」の言語獲得の遅れは文法に表れると判断して、文法教育の強化で改善を図ってきましたが効果は思わしくありません。そこに多少とも科学的装いのあるアラジンが考案され、一部医師達が考えられる限りでの言語獲得教育の対応に乗り出したのです。このことは、教師にとっては「狡兎死《こうとし》して走狗烹《そうくに》らる」の通り、結果的に自らがろう学校幼稚部から駆逐される方向付けとなりつつあります。

しかし、ろう学校幼稚部を乗っ取ったとしても、それが依拠するのは聴覚口話教育ですから、手先、目先を変えた程度で、聴覚口話教育の本質的な誤りを克服することはできず、本来的な課題、言語獲得は依然として未解決なまま残されています。

第４節　聴覚口話教育と手話教育

聴覚口話教育は、言語（音声語）一元論にのっとり、他方手話教育は言語（音声語・手話）二元論にのっとりますが、ここには根本的な違いがあります。

健聴児は聞こえるという利点を生かして、音声語（具体的には生活言語、あるいは一次言語）を自然に、無意識的に獲得します。この自然な獲得にこそ、人の言語獲得の第一歩があります。そして、後に意識的な学習によって、文字の獲得を通じて生活言語を学習言語、あるいは二次言語に高めていきます。

健聴児の言語獲得では、言語一元論が通用しますが、聴覚障害児が、自然に言語を獲得するためには言語一元論は通用しないのです。単純にいってそれでは無理に無理を重ねることになり、この無理は歳月の経過と共に蓄積され健聴児に対する聴覚障害児の言語獲得の遅れとして表れます。追い抜くことはもとより、遅れを取り返すこともできず、引き離されます。これが、言語一元論に依拠する聴覚口話教育の真の問題なのです。

手話教育は言語二元論に依拠します。聴覚障害児は、聴覚の不利を視覚に代えることで、まず身振り、次いでコミュニケーション手話（生活言語、あるいは一次言語）を自然に、無意識的に獲得します。人の言語獲得の第一歩は自然な獲得にあるので、この後の意識的な学習によってフォーマル手話（学習言語、あるいは二次言語）、に高め、これと並行して文字を学び、書記語を獲得していきます。これには実例が国内的（ろう者の個人的努力の結果として）にも、国際的（教育的成果、あるいはろう者の個人的努力の結果として）にも多々あります。

わが国の手話教育の課題は、コミュニケーション手話獲得の環境を用意できず、次いでフォーマル手話、さらにそれから文字を学び音声語の二次言語に高める技術が教育側に未完成なことです。しかし、環境整備を含め手話教育の技術を会得すれば言語発達への道を開くことができるでしょう。

事実、手話教育の遅れにもかかわらず成人となったろう者をみれば、この道が最善なことを証明しています。「聴音・発音」は難しくても、手話を獲得して次いで文字によって「読み書き能力」を発達させ、高度な学力を身に付けて社会参加を果たしたろう者は多くいます。このような事実があるとはいえ、手話を活用した教育は少なくないろう学校で実践されているとはいえ、本格的な手話教育の実践が未だの段階です。

しかし、手話を活用したろう教育において、実践が積み重ねられ手話教育の理論、技術が確立していくことは、大いに期待できることです。

第5節　聴覚口話教育と手話教育の比較

聴覚口話教育と手話教育の目標は次のように比較できます。

聴覚口話教育

理念　健聴者を目指す

理論　言語（音声語）一元論に基づく音声語の獲得

技術　「聴音・発音」訓練を通じた音声語の獲得

手話教育
理念　ろう者を目指し、その「完全参加と平等」を目指す
理論　言語（音声語・手話）二元論による手話と音声語（文字を主）の獲得
技術　手話の獲得を通じた読み書き能力の獲得

そしてこれら2つの教育結果の現実は次の通りです。

聴覚口話教育
理念　健聴者になれず、ろう者にもなれない「聴覚口話・障害者」、健聴者もどきの誕生、健聴者に伍しても劣勢
理論　発音、聴音（聴取）の多少の明瞭化はあってもコミュニケーションの困難を克服できず、実用的な音声語獲得にならず
技術　聴音・発音は改善されても、実用的な言語獲得に結び付かない

手話教育（今の段階では手話を活用した教育）
理念　「完全参加と平等」を目指すろう者の誕生
理論　聴音・発音を従とし、手話を主に文字に依拠して言語を獲得
技術　手話の獲得を通じた読み書き能力を得て言語獲得に結実

聴覚口話教育か、手話教育かの選択は当事者であるろう者の問題として解決を図るべきです。

「聴覚障害がある子ども」に対するインフォームドコンセント抜きの人工内耳施術は先に述べたように、1つに人権侵害、2つに「障害者権利条約」違反に該当します。

人体侵襲を伴う施術について自ら判断の困難な幼児に代わって、保護者の判断が許されるのは生命の安危に関わり、他に代行的手段のない場合に限ってのことです。

人工内耳施術は生命の安危に関わらず、手話という言語を獲得してろう者として「完全参加と平等」を目指して幸せに生きるという立派な道が選択肢としてあります。

他方人工内耳は、健聴者になることを約束するわけではありません。期待された成果が出ない場合にも医師責任を問題にしないことを承認する施術承諾書が、後に医師の施術責任、場合によっては刑事責任を追及されないためにも用意されているものです。

これは、いわば人体実験でもあるわけです。このような人体実験を繰り返すことで後代の「聴覚障害がある子ども」に対して改善を図ろうとする施術です。インフォームドコンセントに基づく自己決定であれば、その責任は自ら覚悟の上で負うので、それについてはとやかくいえる立場はありません。

自己決定のできない「聴覚障害がある子ども」に対する人体実験は、医師の道義的責任を問われる事態です。まず、自己決定を行った難聴・中途失聴者において完全な成功をみてから「聴覚障害がある子ども」の施術に移るのが順序として正しいのです。

この「感覚器研究」に参加した「耳鼻咽喉科・頭頸部外科」の一部医師はろう者の存在を認識できない限り、手話を言語と認識できない限り、その本来の業務である耳鼻咽喉科に関わる病気治療、自己決定のできる難聴・中途失聴者の人工内耳施術の現場に戻るべきです。

言語聴覚士は言語を獲得した成人難聴・中途失聴者の指導に専念し、「聴覚障害がある子ども」に関わる施設職員は自身がまず手話を獲得し、そのよき遊び相手となり、自然な言語獲得への道を開くべきです。

再度指摘しますが、言語聴覚士とは、手話という「言語」も知らないのに烏滸《おこ》がましくも「言語」を名称に使用するのは不適当なので、音声聴覚士と名称を変更するべきです。既に言語を獲得した難聴・中途失聴者に対する「聴音・発音」の改善・指導と、言語を未だ獲得していない「聴覚障害がある子ども」の言語獲得の指導は同日に論ずることはできません。

なお、この「感覚器障害戦略研究」は、モニタリングの5年の期間を越えて、事後評価、追跡評価の期間が設定されているようなので、さらなるその結果を、その評価が正しい限りで期待しています。

第6節　あるべき調査・研究

今回の「感覚器障害・戦略研究」には、基礎資料を含めデータなどに恣意的な偏り、その他の不備と思われるものが多くみられ不十分と感じています。

それでも、この研究報告には、研究者の意図と無関係に、ろう教育の発展に利用できる部分はあり、このような部分を積極的に活用する必要は確かにあります。

これらのことを踏まえて、今後のろう教育の発展、手話教育の実践のために、ろう学校の卒業生などろう者の「完全参加と平等」の実現のために、より有効な研究・調査の必要を痛感します。

思えば障害当事者は、ろう学校開校当初の時期を除いて、長くろう教育と対立してきました。その原因はろう教育が当事者の意見を聞くこともなく、自らの主導する口話教育、聴覚口話教育を推進したことにあります。しかし、ろう運動の発展と社会の理解、支持によって、21世紀の現在ろう教育はその方向を改めようとしています。

ところがその現在は、ろう者と「耳鼻咽喉科・頭頸部外科」の一部医師と対立の構図になりました。その原因は一部医師が当事者の意向やその置かれている状況を無視して、「聴覚障害がある子ども」に対し、自らの主導する人工内耳施術を推進しようとするからです。これらの対立にはろう者への人権無視が根底にあります。

しかし、このような対立はお互いにとって不幸です。一部医師は「医は仁術」の原点に戻って、ろう者なり手話について認識を深め、その意見を尊重するように希望します。その向こうに両者の和解と全ての人たちの「完全参加と平等」が待ち受けているでしょう。

そこで、今後のろう教育の発展、「完全参加と平等」を目指すあるべき研究・調査のために、次のようにいくつかの提案があります。

① 研究・調査の目的と対象

目的は聴覚スクリーニングからはじめて幼少時、ろう学校幼稚部から高等部にいたるまで一貫した教育方針を確立すること、さらに聴覚障害者の「完全参加と平等」を図ること、この2つのためのデータを得る、とすること。

「聴覚障害がある子ども」の多数はろう学校に在籍している事実を直視すること。よって研究・調査の対象は、ろう学校在学生を主として、関係施設、普通学校難聴学級の在籍者、さらに入学、入所以前の「聴覚障害がある子ども」を加えること。

また、現在のろう学校における教育、手話を活用した教育を重視し、その妥当性を評価し、それを手話教育に発展させるための道を開くこと。

② 研究・調査の担当者

研究・調査の担当は、当事者であるろう者の参加を第一義的に重視し、その共同研究者として教育、福祉、認知科学（言語学を含みどのような認知科学分野の参加を求めるかを検討）、医学（耳鼻科だけでなく精神・心理・児童関係科を重視、範囲を広げる必要はあるが、どのような医学分野の参加を求めるか大いに検討の余地あり）、「聴覚障害がある子ども」の保護者、行政関係者を加えること。

③ 研究・調査の前提

健聴乳幼児の言語獲得は、どのようにして行われるか、事前の研究・調査が重要である。

これまでの聴覚障害児の言語獲得の研究・調査は、健聴児が「音声によって言語を獲得する」ことを暗黙の前提としていた。しかし、健聴とはいえ、子どもは決して音声によってだけ、言語を獲得するのではない。

言語獲得は如何にして行われるか？　言語獲得にはどのような要素が必要なのか？　そもそもの原点から、言語（音声語・手話）二元論の立場に立った考察が必要である。

④ 保護者に対して安心を保障する

「聴覚障害がある子ども」が生まれて、真っ先に不安を感じるのは保護者である。このような保護者に安心感と余裕を保障するための方策を考慮することが重要である。

（おわり）

本書の発刊にあたり、『感覚器障害戦略研究』からの図表等の掲載をご許可頂いた公益財団法人テクノエイド協会に厚くお礼を申しあげます。

著者プロフィール

髙田 英一（たかだ えいいち）

昭和 12 年 2 月 5 日、京都市に生まれる。8 歳で失聴、同時に京都市大将軍小学校から、京都府立ろう学校に転学。昭和 31 年京都府立ろう学校高等部卒業、同年 4 月立命館大学理工学部入学、昭和 35 年立命館大学理工学部卒業。

昭和 35 年 4 月京都市役所に採用、平成 4 年 3 月退職。平成 4 年 4 月社会福祉法人京都聴覚言語障害者福祉協会に採用、現在理事長。

平成 14 年 4 月社会福祉法人全国手話研修センター常務理事に採用、現在同センター日本手話研究所所長。

運 動 歴：大学卒業と同時に社団法人京都府聴覚障害者協会に入会、会長、事務局長など歴任、現在監事。財団法人全日本ろうあ連盟書記長、副理事長、理事長を歴任　現在参与。世界ろう連盟理事、現在名誉理事。特定非営利活動法人・ＣＳ障害者放送統一機構理事長

主要著書：『わたしたちの手話・全 10 巻』
（全日本ろうあ連盟　1980 ～ 1987 年　共編著）
『日本語ー手話辞典』（全日本ろうあ連盟　1997 年　共編著）
『国名手話ガイドブック』（全日本ろうあ連盟　2002 年　共編著）
『手話の森を歩くー言語としての手話　その秘密をさぐる』
（全日本ろうあ連盟　2003 年）
『障害者の権利条約と日本』（生活書院　2006 年　共編著）
『新日本語ー手話辞典』（全日本ろうあ連盟　2011 年　共編著）
『手話教育　今こそ！ー障害者権利条約から読み解く』
（星湖舎　2012 年）
『手話からみた　言語の起源』（文理閣　2013 年）

趣　　味：登山、温泉旅行、読書、映画、グルメ

モットー：「ダメでもともと」

聴覚障害児の言語発達

手話からみた幼児の人工内耳への疑問？

２０１４年６月２２日　初版第１刷発行

著　者：高田 英一

編　者：特定非営利活動法人 ろう教育を考える全国協議会

発行者：金井 一弘

発行所：株式会社星湖舎

〒５４３-０００２

大阪市天王寺区上汐３-６-１４-３０３

ＴＥＬ．０６-６７７７-３４１０

ＦＡＸ．０６-６７７２-２３９２

ＤＴＰ・装丁：藤原日登美

印刷・製本：株式会社国際印刷出版研究所

ＩＳＢＮ978-4-86372-062-6